# 不完美的勇气

アルフレッド・アドラー
一瞬で自分が変わる100の言葉

---

## "自我启发之父" 阿德勒的人生课

[日] 小仓广 著　陆青 译

Alfred Adler

机械工业出版社
CHINA MACHINE PRESS

阿德勒被誉为"自我启发之父"。本书通过对"改变自我"这一主题的详细论述，汇集了阿德勒明确提出的改变自我的方法，以期帮助读者学习改变自我的方法，并加速这个改变的过程。要想改变自我，首先，要认识到自身性格形成中存在的缺陷；其次，要拥有改变自我的勇气。如果拥有足够的勇气，我们就能从情结中挣脱出来，选择自我完善、改变自己的道路。

ALFRED ADLER ISSHUN DE JIBUN GA KAWARU 100 NO KOTOBA
by Hiroshi Ogura
Copyright © 2017 Hiroshi Ogura
Simplified Chinese translation copyright © 2018 by China Machine Press
All rights reserved.
Original Japanese language edition published by Diamond, Inc.
Simplified Chinese translation rights arranged with Diamond, Inc.
through Shanghai To-Asia Culture Communication Co., Ltd.

此版本仅限在中国大陆地区（不包括香港、澳门特别行政区及台湾地区）销售。未经出版者书面许可，不得以任何方式抄袭、复制或节录本书中的任何部分。

北京市版权局著作权合同登记图字：01-2018-7090号。

## 图书在版编目（CIP）数据

不完美的勇气："自我启发之父"阿德勒的人生课／（日）小仓广著；陆青译. —北京：机械工业出版社，2018.12（2025.7重印）
ISBN 978-7-111-61506-4

Ⅰ.①不… Ⅱ.①小… ②陆… Ⅲ.①自我完善化-通俗读物 Ⅳ.①C912.1-49

中国版本图书馆CIP数据核字（2018）第267805号

机械工业出版社（北京市百万庄大街22号　邮政编码100037）
责任编辑：坚喜斌　於　薇　责任校对：张　力
责任印制：张　博
北京铭成印刷有限公司印刷

2025年7月第1版·第20次印刷
145mm×210mm·7.5印张·133千字
标准书号：ISBN 978-7-111-61506-4
定价：52.00元

凡购本书，如有缺页、倒页、脱页，由本社发行部调换
电话服务　　　　　　　　　网络服务
服务咨询热线：010-88361066　机工官网：www.cmpbook.com
读者购书热线：010-68326294　机工官博：weibo.com/cmp1952
　　　　　　　010-88379203　金 书 网：www.golden-book.com
封面无防伪标均为盗版　　　　教育服务网：www.cmpedu.com

# 前 言

**阿德勒告诉我们的"改变自己"的方法**

你曾经想过要改变自己吗？

几乎所有人都曾一度想要改变自己，现在就想要改变自己的人想必也不在少数。人是追求自我超越的动物。正因为如此，萌生改变自己的想法也就理所当然了。

人之所以产生想要改变自我的想法，不仅是希望进步和渴望成长，而且也是心理健康的表现。相反，不想改变，只想维持现状的想法，反而是心理不健康的表现；这是因为不想改变就等于不想进步、不想成长。

在阿德勒心理学中，用"自卑感"做借口"逃避人生重大课题"的倾向，被称为"自卑情结"。这与我们平时说的自卑感截然不同——只有当人们利用"自卑感"做借口，逃避人生要解决的重大课题时，他们才被称为有"自卑情结"。

我们总是在追求进步和自我成长。阿尔弗雷德·阿德勒之所以会将人生的三大课题定义为"工作""交友"和"爱"，是因为这三个课题总是接踵而至，并且随着年龄的增加，它们越来越难以解决。因此，我们就必须学会不断地进步、成长以及改变自我。

那么，究竟怎样做才能避免落入自卑情结的圈套，真正地改变自我呢？

作为与弗洛伊德、荣格齐名的分析心理学三巨头之一，阿尔弗雷德·阿德勒被誉为"自我启发之父"。在距今100多年前，他就明确提出了改变自我的方法。

那就是"发现自己性格中的缺点，并加以改变"。

许多人认为性格是无法改变的。但是，阿德勒的观点截然相反，他认为性格是可以改变的。用阿德勒的话来说，哪怕明天就要死去，现在也依旧可以改变自己。

当然，想要改变自己就必须满足一些前提条件。

第一步，是认识到自身性格形成中存在的错误。

在阿德勒心理学中，基于性格形成中存在的错误而产生的行为模式可以分成两种：一种是优越情结，另一种是自卑情结。

假如可以觉察到自己何时带有这两种情结，就完成了第一步。

阿德勒说的"认识你自己"，首先就是要认识到自身存在的错误，认识到不能再像从前那样继续错下去。因为只有觉察到这一点，才能开始崭新的生活。

通过对本书前三章的阅读，你就能明白是否存在与情结相关的错误；读到第六章的时候，你就能在情感的运用方式中找出错误所在。

第二步就是拥有改变自我的勇气。

阿德勒曾说："对人而言，最难的事就是认识自己、改变自己。"

人往往因为这样或那样的原因而无法客观地审视自己，尽管对现状不满，但依旧选择"维持现状、不做改变"。这是因为不做改变很轻松，而改变自身却不那么容易。虽然嘴上说"讨厌自己现在这个样子，想要改变"，却依旧保持原来的行为方式不变，也就是说，有意识地选择走"情结"的老路，还为此自我辩解。

但是，如果拥有足够的勇气，就能从情结中挣脱出来。而后才能选择自我完善、改变自己的道路。本书第四章、第五章和第七章中将介绍关于"勇气"，以及与此紧密相关的"共同体感觉"㊀的内容。

最后，第八章将详细说明"改变自我"的最后一步。这一章中详细记录了精神科医生、心理学家阿德勒指导患者的方法和教育理念。

原来，要想改变自我，必须向熟悉阿德勒心理学的心理咨询师寻求帮助，而现在通过阅读本书你就可以适时地抓住

---

㊀ 共同体感觉（Community feeling），也译作社会感、社会兴趣。

契机"改变自己",逐步了解自己"想要改变却又无法改变"的症结所在。

实现上述最后一步的方法多种多样,既可以选择求助于心理咨询师,也可以通过学习阿德勒心理学来进一步深化理解。

因此,就算读完整本书后发现自己并没有"改头换面",也不必灰心丧气,因为在细微处已经"有所改变"了。即便读者只是怀着"想要改变自己"的念头翻开本书,也无疑是迈出了一大步。

对于人来说,世上最难的事就是从零到一。

从一到二、从二到三的改变反而容易得多。

你已经开始改变,本书就是要助力加速这个改变的过程。

阿德勒被誉为"领先时代一个世纪的心理学家"。我相信,学习阿德勒的名言就可能实现自我改变。

本书可以说是"把宝箱翻了个底朝天",汇集阿德勒十多本书中的名言、金句,以"想要改变自己,就能改变自己"为轴线,通过笔者的视角概括改变自我难题的要点,再加以整编而成。

阿德勒的话如诗般优美,另一方面,理解起来也有一定的困难。因此在概要和改编的过程中,我十分细心留意,既不能曲解阿德勒的原意,同时又要尽可能地通俗易懂。

最后,请允许我再次引用阿德勒的话来作为前言的结尾:

"这(阿德勒心理学)派的支持者拥有看透人心每个角落

的洞察力,这种难得的才能是用来助力人类进步的。"

改变自己是一种进步,我们每一个人的进步共同构建成为人类的进步。那就让我们朝着进步的方向迈出自己的一步!在此,希望阿德勒的名言如同一盏明灯,照亮"改变自己"的道路,帮助大家共同进步。

小仓广

| 目　录 |

前　言　阿德勒告诉我们的"改变自己"的方法

第 1 章　人都有自卑感

　　　　——关于"自卑感"和

　　　　"追求优越性" / 001

第 2 章　努力装作强大，不如努力变得强大

　　　　——关于"优越情结" / 029

第 3 章　把弱小当作武器，无法改变人生

　　　　——关于"自卑情结" / 057

第 4 章　缺乏勇气的人往往显得特别，有勇气的人反而显得普通

　　　　——关于"勇气" / 087

第 5 章　所有的失败都源于缺乏共同体感觉

　　　　——关于"共同体感觉" / 115

第 6 章　情感激烈的人具有强烈的自卑感

　　　　——关于"情感"／147

第 7 章　有能力贡献，才有价值

　　　　——关于"给予勇气"／171

第 8 章　如果这件事能做好，那么其他事也能

　　　　——关于"自我变革"／199

后　记　你做过哪些努力？／228

# 第 1 章
## 人都有自卑感

——关于"自卑感"和"追求优越性"

个人印象最深的事就是阿德勒应邀拜访我家的那一次。

……

我紧张极了,想要一切都尽善尽美,无论是家宴菜单、家中陈设,还是孩子们的言行举止,都要做到完美。

这一切被阿德勒看在眼里。

他不露声色,对我说:"做个女强人不容易吧?"

这并不是句客套话,唤醒了我的关注。

正是在这次聚会上,阿德勒的这番话振聋发聩,对我的治疗和人生都影响至深。

——引自《回忆阿德勒》

## 第 *1* 句

人是一种怀有自卑感的存在。

阿德勒认为,"我们每个人都怀有不同程度的自卑感"。他甚至断言"人是一种怀有自卑感的存在"。

阿德勒如此断言是有据可循的。

关于人怀有自卑感,在理论上已有明确的定论。阿德勒认定每个人都有自卑感的原因有以下两点。

一是孩童时留下的烙印。孩子们都是弱小无力的,相比之下,成年人总是那么强大有力。无论何时,孩子面对大人总有一种深深的无力感,不知不觉中就留下了自卑的烙印。

二是每个人都想要追求更高的目标,但我们怀揣的理想总是高于现实,没有人的梦想会比现状更差。因此,我们的理想总是尚未实现的,一直处于努力追求的状态会让人感到焦虑,这是自卑感产生的第二个原因。

假如目标达成,人一定会有更多更高的目标。因此,人们最终也难以摆脱这种自卑感,永远都会感到自卑。

要知道,谁都会有自卑感。

## 第 2 句

自卑不同于自卑感。

自卑是客观事实,自卑感是主观认知,而主观认知可能出错。

在阿德勒的心理学中，自卑和自卑感有明确的区分。自卑是指存在劣势的客观事实。比如，身体残疾对生活造成障碍，被称为"器官的自卑"。

与此不同，自卑感是指由于存在劣势而产生的主观认知。因此，在某些情况下，即便客观上不存在劣势的事实，主观上依旧会产生自卑感。自卑感只是一种错误的主观认知，完全没有客观依据。

比如，某学生在一百个人参加的考试中排名第二。一般说来，这已经是个相当不错的成绩。但是，当事人在主观上却认为"没能拿到第一名，自己实在是太没用了"，这就是自卑感在作祟。

所有问题归根结底都是过度的自卑感造成的，它并不是客观事实，而是主观认知。如果能弄清楚这不过是主观感受，从而改变自己的思维方式和价值判断，就能够有效减轻自卑感。没有必要追溯过去，改变生活或教育环境。只要能够改变主观想法，就能立刻改变现状。

改变思维方式，就能减轻自卑感。

## 第 3 句

当被问到"你有自卑感吗?"人们会回答:"没有,正好相反,我很自信。"

人们不仅向周围人隐藏自卑感,甚至连自己都没有察觉到自卑感的存在。

阿德勒说"人人都有自卑感",与此同时,"人人都在隐藏自卑感"。

他还说过:"就算自己感到自卑,也会矢口否认,说自己没有自卑感。"

不仅如此,甚至有人会说:"恰恰相反,我感到自己比周围的人都要优秀。"

那么,为什么人们要拼命隐藏自卑感呢?

阿德勒是这样解释的。

一般认为,自卑感是弱小的表现。被发现自己弱小是让人羞愧的事,所以理所当然地会倾向于隐藏自卑感。事实上,当人们竭力隐藏自卑感的时候,就连自己都难以察觉。

这是十分危险的——全然不顾自己内心深处的自卑感,只是一味地加以掩饰,装作一副若无其事的样子,自欺欺人。这并不是健康的心态。

不刻意隐藏自卑感,坦然承认自卑感的存在,并且以自卑感为动力促进自身的发展,这样才称得上是健康的心态。

不要隐藏自卑感,大大方方地承认吧!

第 $4$ 句

没有人能长期忍受自卑感。

为了消除自卑感,人们不断树立一个又一个目标,成为自我前进的不竭动力。

人人都有自卑感，然而自卑感令人痛苦。人们为了摆脱这种痛苦，设定目标采取行动。

例如，由于成绩差而感到自卑的学生就会设定目标，立志"在考试中获得好成绩"，以行动弥补自身不足，自卑感会成为努力的动力。阿德勒将弥补自身不足的行为称为自卑补偿，将设定目标的行动称为追求优越性。这里的优越性并不是仅指与他人相比的相对优越性，而是指由实现自身设定的"理想状态"的目标所带来的绝对的优越性。

正如阿德勒所说，对于优越性的追求是没有止境的。人们只有在目标达成的那一刻才会感到安心，但这也只是一时，因为每个人都会设定更高的目标，促使自己追求更多。

正因如此，自卑感绝不是个坏东西，而是推动人们进步的动力。另一方面，由于它促使人们不断追求更高的目标，因此当目标无法实现时，又容易让人产生更严重的自卑感。

自卑感可以成为人们设立目标和行动起来的动力。

## 第 5 句

自卑感是成功的基础,同时也是所有问题的根源。

自卑感是一把双刃剑。自卑感有利有弊，因使用方法不同而有所不同。所以，自卑感本身并不是坏东西，由此得益或受损是因人而异的。

假如我们发挥自卑感的负面作用，自卑感就是引发我们所有问题的根源，造成人际不和、性格孤僻、做事拖沓，甚至导致精神疾病等问题。人生路上困难无数，自卑感贯穿问题的始终。

反过来，假如我们能发挥自卑感的积极作用，自卑感就会成为使人向上的强大动力。我们不断设定目标去补偿自卑感，追求优越感。不懈的自我努力，会使我们一步一步向成功靠近。阿德勒强调，（阿德勒）心理学最重要的成果就是找到善加利用自卑感的方法。

我们所能做得既不是消除自卑感，也不是刻意隐藏它，而是在承认自卑感的基础之上，对其善加利用。

你能善加利用自卑感这种强大的动力吗？

## 第 6 句

文明、文化、科学、艺术。
人类的历史就是克服自卑感的历史。

阿德勒说，与老虎或老鹰相比，人没有锋利的爪牙，也无法独自在自然界存活。正因如此，人总是怀有自卑感，时刻处于紧张的状态，努力为未来做准备。正是这些促进了人类文明、文化、科学和艺术的进步。阿德勒说，人类的进步全都得益于自卑感。

这使我们生活的方方面面受益。比如，发明能防雨、防寒、防暑的建筑，发明保暖的衣物，建设便于通行的道路；此外，还制定法律、规章、制度，建立将个人有序集中的组织，等等。与其他动物相比，人类要弱小得多，因而总是怀有自卑感，结果反而因此受益。

另外，阿德勒用贝多芬、斯美塔那、德沃夏克、弥尔顿、荷马等人举例，用以说明由于身体缺陷产生的自卑感，反而成就了他们的伟大。

自卑感不是病态，相反，它是常态，能刺激人努力超越自我。人类的历史，正是尝试消除自卑感的历史。

将自卑感转化为动力，科学、艺术等领域才得以繁荣发展。

## 第 7 句

当自卑感过于强烈,就会过分追求优越性,结果就会产生自卑情结。

正如前面所讲，自卑感和作为补偿的追求优越性不是病态，而是迈向成功的动力，对人的发展有着积极的作用。

但是，有些情况下它们也会起到消极作用。自卑感没有发挥积极作用，反而被用作借口来逃避人生课题，表现为优越情结和自卑情结。

那么，在哪些情况下我们会陷入这两类情结呢？阿德勒从不同角度说明了情结的发生机制，其中一种情况就是自卑感过于强烈和过分追求优越性的时候。

如果自卑感过于强烈，人就会对未来产生恐惧和不安，认为"过去曾经历过失败，所以这次一定也会遭遇不幸"。于是，人会对未来产生过度恐惧，并且做好准备以避免受到伤害。在这种情况下，人会夸大自身的强大或弱小，放弃或逃避本可以应对的任务挑战。阿德勒称之为情结，认为其是一种病态的表现。

自卑感和追求优越性都应适可而止，否则就是过犹不及。

第 *8* 句

只要躲进情结里，就算不努力也没关系。
然而，这种低级的伎俩不过是在自欺欺人。

所谓情结，就是以自卑感为借口逃避人生课题的倾向。它有时表现为优越情结，佯装强大来糊弄人。实际上，这并不是真的强大，不过是做足面子功夫，逃避人生中需要努力和解决的课题罢了。此外，有时它因人而异，会表现为自卑情结，让人在人生的课题面前止步不前，显摆失败的理由或是自身的弱小无力，等待别人出手帮助或是博取他人的同情。

这两种情结的本质都是拿自卑感做借口，逃避本该完成的课题。自己不努力，还想一切尽在掌握，然而，世上哪有这样的好事？这样做既不能解决人生的课题，又无法克服自卑感。就好像魔术师的戏法，能从高筒礼帽里变出大捆钞票，但是，用戏法变出来的钞票不会真的让人变得富有。正如阿勒德所说，"无论哪种情结，都只是自欺欺人，他（她）的自卑感依旧还在。"

就算躲进情结中，有时也无济于事。当你开始直面人生课题，不再用自卑感做托词，就是改变真正开始发生的时候。

不再躲进情结之中，积极面对人生的课题吧。

第 *9* 句

胡作非为也好,装病示弱也罢,无论选择哪种方式让他人为自己服务,都源于孩提时的成功经验。

如果能基于对人生有利的宗旨设定追求优越性的目标，积极面对人生的课题并为之努力，人们就会对社会有用，并最终获得成功。

另一方面，有的人在无益于人生的方面设定追求优越性的目标，就会陷入用胡作非为支配他人的优越情结，或陷入用眼泪攻势支配他人的自卑情结。

阿德勒认为，优越中藏着自卑（或者说自卑中藏着优越），自卑和优越是一体两面的。选择自卑还是优越，取决于我们受到的教育。换言之，我们应在实际经验中选择最为有效的方法。比如，孩子在生病的时候，体验到不用做任何努力就被人宠爱的滋味，就可能会得到"生病就能如愿"的"教育"。于是，就算长大成人后依旧会故技重施。

对此，阿德勒的批判十分犀利："这两种行为的目标都是一样的。也就是自己不做任何努力就获得优越感，从而改善自卑的现状。"

# 第1章
## 人都有自卑感

"追求优越性的目标因人而异、各不相同,就像是每个人自己创作的独特旋律。"如果不顾结果,选择不利于人生的道路,那就糟糕了。无论是胡作非为还是装病示弱,这两条路都对人生毫无益处。

第 **10** 句


　　有勇气的人努力翻越艰难险道，缺乏勇气的人逃避努力，寻找近路。
　　一心想要抄近路，前途只会一片惨淡。

# 第 1 章
## 人都有自卑感

任性妄为的优越情结和佯装弱小的自卑情结都与过去受到的教育相关。两种表现都让人讨厌,因为无论选择哪一个,都会将人生导向歧途。没有谁愿意成为不幸的人。

那么,有的人陷入情结,有的人发挥自卑感对人生的积极作用,两者有什么不同呢?

阿德勒的答案直截了当,两者的不同之处就在于勇气。那些失去勇气和自信的人,他们的目标就会从有益于人生的方面转向不利于人生的方面。

所谓的勇气就是一种感觉,即觉得自己有能力为他人做贡献,自己有被需要的价值。满足了以上两点,人就会迸发出克服困难的活力。如果拥有勇气,人就算遇到艰难险阻,也会选择正确的道路。然而,失去勇气的人害怕受伤,为了避免努力会要一些手段伎俩,选择追求"成功假象"的歧途。

选择有益于人生的正道,还是不利于人生的歧途,取决于我们是否拥有勇气。

让自己的内心充满勇气,就会选择有益于人生的正道。

## 第 11 句

　　娇生惯养会让孩子变成寄生虫，不做任何努力就想得到赞赏。

# 第1章
## 人都有自卑感

无论一个人表现出自卑情结还是优越情结，原因都在于缺乏勇气。一些孩子在老师和家长面前受挫，认为"自己没有能力为他人做贡献，毫无价值"，因而可能落入依赖他人来解决人生课题的情结。

阿德勒反复强调，受挫的原因之一在于溺爱。娇生惯养的孩子常常会变成什么事都要靠别人的寄生虫。溺爱孩子所导致的后果极为严重，娇生惯养的孩子往往会变得人人讨厌。

娇生惯养的孩子在成长过程中，没有得到充分的自己解决问题的锻炼。但凡遇到什么困难都由父母代劳，自己没有解决问题的能力，甚至故意什么都不干，却又想不断引起父母的关注和赞赏，同时认为这一切都是理所应当的。

然而，一旦步入社会，谁也不会把你当作孩子来宠爱。这些孩子于是不知所措，甚至抱怨："为什么周围的人都不帮我？"他们之所以被周围的人讨厌，都是娇生惯养惹的祸。

不要宠溺孩子，而应协助他们靠自己的力量解决问题。

## 第 12 句

大多数人都不会用语言去表达自己追求优越的目标。

硬要说的话,不过是在职业目标上,比父母更上一层楼。

如果父亲是警察,就以法官为目标;如果母亲是护士,就立志做医生。

# 第 1 章
## 人都有自卑感

每个人都有"想要成为那个样子"的目标,这也可以说是理想。但是这个追求优越的目标,几乎没有人会说出口,大多数人甚至连自己都不知道自己的目标是什么。只有在咨询师的帮助下,一些人才有可能用语言表达出来。一般人在考虑的不过就是努力实现怎样的职业目标而已。

即便是确立职业目标,也同样需要他人的帮助。在大多数情况下,孩子会以父母的职业为出发点来树立目标,通过超越父母来确定出自身追求的卓越目标。比如,如果父亲是警察,孩子就会以法官或律师作为职业目标;母亲是小学教师的话,孩子就会把目标放在大学教授上。

此外,阿德勒还指出,不少人设定的目标与父母截然相反。例如,保守型的公务员的孩子,可能会立志成为创新型的企业家或艺术家。这是超越父母的另一种表现形式。可见,人往往难以独立确定目标,而父母作为人生导师就显得不可或缺。并且,人们对于未来的目标或理想往往含混不清,也难以用语言表达。

因此,明确自己追求的卓越目标十分重要,起码要说清楚未来的职业目标。

# 第 2 章
## 努力装作强大,不如努力变得强大

——关于"优越情结"

阿德勒和雷克斯·奈特（Rex Knight）刚寒暄完坐在沙发上的时候，一个英俊的年轻人就走过来。

"我知道两位绅士是心理学家，但恐怕你们两位谁都猜不到我是什么样的人吧。"

……

阿德勒抬起头注视着年轻人。

……

"你是一个虚荣心非常强的人。"

"虚荣？"青年十分惊讶，"为什么认为我虚荣心强？"

阿德勒言简意赅。

"两位与你素不相识的绅士坐在沙发上聊天，你突然过来问对方知不知道自己是什么样的人，这不是虚荣心强又是什么呢？"

——引自《阿德勒的生涯》

## 第 13 句

所谓的优越情结,就是为了掩饰自卑感,刻意让自己看起来强大、卓越、能干。

本来身材矮小,却要带头走在前面,装作高大的样子。

所谓的优越情结就是"本身并不优秀,却要装作优秀的样子"。㊀阿德勒打了个比方:"个头矮小的人,却要带头走在前面。"㊁

具有优越情结的人往往没有把精力用在该用的地方,而是用在了错的地方。换言之,不是努力成为卓越、能干、强大的人,而是努力让自己"看起来比实际上要好"㊂。

没有付出任何努力的人,当然永远都无法真正优秀起来。于是,他们永远无法摆脱强烈的自卑感。

不仅如此,这种自欺欺人的行为还会从各个方面侵蚀自己的精神。由于过分在意他人的看法和评价,他们会长期处在精神高度紧张、行为不自然的状态,花费过多的精力去掩饰自卑感,结果对于那些真正需要解决的问题反而精力不足、疲于应付。加之一味争强好胜,想要获得高度评价,就容易

---

㊀ 摘自《个体心理学讲义》。
㊁ 摘自《人生意义的心理学(上)》。
㊂ 摘自《性格心理学》。

## 第 2 章
### 努力装作强大,不如努力变得强大

招致周围人的厌恶,陷入人际关系的冲突中。这种欺骗行为不是什么好事,不要用自欺欺人的方式去推延解决问题,而应选择积极面对人生的课题。

让我们放下"让自己看起来强大,一味追求他人认同"的优越情结吧。

第 14 句

炫耀自己"认识名流""开豪车""工作光鲜"恰恰是因为不自信。

正如人恐惧时拼命掩盖尖叫声一般。

## 第 2 章
### 努力装作强大，不如努力变得强大

周围总会遇到这样的人，他们吹嘘自己与名人相熟、炫耀自己家世显赫、炫耀自己有房有车有钱、夸耀自己成绩优秀、自认优秀，态度傲慢、认为自己理所应当要求特殊待遇……简直就是高傲自满、自命不凡。这些都是优越情结的典型症状。换句话说，他们就是不知羞耻、毫不谦虚。

他们这样做时，实际上心里的潜台词是："别人总是小看我，一定得让人知道我是个大人物。""如果不强调我说的话，就没人会当回事。"

这些全都是由强烈的自卑感引起的可悲行为。但是，他们自己并没有这个自觉性，有时候就连自己都被瞒了过去，一心认为自己是个了不起的人。

他们毫不知耻地过度炫耀自己，是因为缺乏信心。不说话就害怕自己被当作傻瓜。归根结底，他们就是恐惧"真正的自己无能、不被人爱"。

让我们审视一下自己有没有高傲自大、自命不凡吧。

第 *15* 句

　　衣着花哨，发型奇特、标新立异、大声哭笑、视线游移、随意插话……
　　这些全都是强烈的自卑感造成的。

## 第 2 章
### 努力装作强大，不如努力变得强大

"从没见过哪个怀有自卑感的人是顺从、安静、自控、毫不惹眼的类型。自卑感总会通过各种各样的方式表现出来。"阿德勒如是说。自卑感的各种表现可以列举如下："衣着花哨""服装复古""衣服脏乱""不懂礼貌""自来熟""英雄崇拜""恃强凌弱""落井下石""横加批评""大声喧哗""感情用事""别人的话听不进去""目光游移""交谈时总谈自己""强调自己的特征"……诸如此类。

这些行为特征的共同点是想要吸引眼球、受人瞩目，这些正是优越情结的表现，而优越情结是所有问题的元凶。

以上这些情况任谁都会遇到过一两次。不过请放心，这并不是说能对得上一条就是具有优越情结。界定的标准在于恒常性，因此，要问问自己"是不是总是这个样子"。

不妨问问自己是否时常会有这类行为。

第 *16* 句

自己不努力，靠贬低对手来获胜；幸灾乐祸；中伤他人；恶语相向；告密……以上这种卑劣的策略被称为"价值贬低倾向"。

## 第 2 章
### 努力装作强大,不如努力变得强大

"价值贬低倾向"就是指自己不努力提升自我,靠贬低对手来获胜的行为倾向。有这种倾向的人对他人恶语相向、泄露秘密,或落井下石,见不得他人比自己好。年少时,人们常会做出这类行为:兄弟姐妹一旦犯错,就立刻向父母告密,借此夺回被抢走的宠爱。一些孩子在尝到成功的甜头后,就算长大成人,也依旧会采取这类手段。

价值贬低倾向是通过贬损他人,而非提升自我来取得胜利的一种卑劣丑陋的行为。"这种倾向是一种神经病症。"阿德勒认为,所谓的神经病症并非是特指精神病患者所表现出来的症状,而是日常生活中遇到的某些障碍或者痛苦的状态。这种症状一旦进一步恶化,就会让人变成精神病患者,甚至实施犯罪等反社会行为。

具有精神病症性的价值贬低倾向的人往往结局悲惨。有个成语叫"幸灾乐祸",假如自己真的存在这种倾向,到头来会有怎样可怕的结果也就可想而知了。

我们知道幸灾乐祸是没有好下场的。

## 第 17 句

那些对政治、经济、社会、经营夸夸其谈的"评论家",他们自以为是,却往往连个朋友都没有。

## 第 2 章
### 努力装作强大，不如努力变得强大

在职场上，总会遇到一两个"评论家"。他们最大的特征就是指出他人的缺点，毫不留情地加以批判。

批评公司上司和管理者，批判政治经济，指摘亲朋好友的缺点，这类人往往头脑清晰、言之在理。

但可惜的是，这类人往往就是嘴皮子厉害，事情真到手上了却什么都做不好。这类人对周遭的人毫无贡献和帮助，反而摆出一副裁判官的样子，当然无法得到周围人的尊敬。

在指出问题的同时，应当自己努力解决问题。我十分赞赏这样一句话："有不满的地方就自己努力去改变，不然的话就保持沉默。"

虽然这类评论家谈的是政治、经济和社会问题，但实际上他们对这些问题并不感兴趣，他们关心的不过是要"证明"自己有多优秀罢了。政治、经济、社会问题不过是他们用来证明自己优秀的道具。出于利己而进行批评的这种做法着实让人受不了，所以他们才会遭人嫌、讨人厌，"连一个真正的朋友也没有"。

与其夸夸其谈，不如埋头苦干。

## 第 *18* 句

孤独者与人群格格不入,总是认为自己"与众不同、高人一等"。

由于恐惧,无法与他人分享喜悦。

## 第 2 章
## 努力装作强大,不如努力变得强大

总有人孤身一人,无法融入群体。这类人为什么会选择孤独行事呢?

人的一切行为都是在追求优越,回避自卑。人之所以选择自我孤立,原因之一就是"害怕受到伤害"。一旦进入人群,就有可能遭遇人际关系的失败。虽说有可能一切顺利,但也可能会出现问题。对于具有强烈自卑感的人而言,害怕交往不顺利的念头会占上风,最终就会选择逃避人际交往。他们会认为与其受伤害,倒不如从一开始就一个人。

此外,对于一些人来说,他们认为孤立会让人感到自己"特别"和"高雅",甚至会想着"不要与那些俗人为伍"。阿德勒将这种远离人群的感情称为"孤独与自我陶醉"[一]。

不表露感情的人就像戴着毫无表情的面具一样。为了避免受伤害,就把自己的情感掩藏起来。由于掩藏了情感,他们才表现出自己的"特别"和"高雅"。

当发现自己孤独时,请拿出拥抱人群的勇气吧。

---

[一] 摘自《人生意义的心理学(下)》。

## 第 19 句

"好过头的人"必须要怀疑。

那些总是待人友善、彬彬有礼、温和大方的人,可能是伪君子。

# 第 2 章
## 努力装作强大，不如努力变得强大

对为人亲切温柔、待人友善、彬彬有礼、富有同情心、慷慨大方的人，阿德勒说，"最好不要相信"。

或许，这个人只不过是装装样子的伪君子。

比起像弱者般求助于人，这类人更希望自己看起来比别人强，从而满足自己的虚荣心。当然，也有的人不是在伪装，而真是个善人，但要区分两者却相当困难……

只要不是在心理咨询等援助他人的场合，就决不要对他人进行分析评论。最有效的应用方法就是以此来分析自身。比起认识自己，阿德勒心理学的目标更多的是告诫自己。

"自己的善行是否真的是出于善心？"诸如此类的自问自答同样有效。因此，在言行中，如果发现自己出于利己的目的刻意追求他人的赞赏，最好进行自我约束，因为优越情结容易给自己招来不幸。

在做善事之前，不妨问问自己："做善事是不是为了获得赞赏？"

## 第 *20* 句

"我实在太惨了。"
"说出来有点丢脸,自己一败涂地。"
别被骗了,这些话不过是在夸耀不幸、吹嘘失败。

## 第 2 章
### 努力装作强大，不如努力变得强大

对于人来说，一切事物都可以用来提升优越性。对于某些人来说，自己的不幸、厄运也是十分值得吹嘘的事。

"我的倒霉事真是一件接着一件！"

"为什么只有我那么倒霉！"

发出这类感叹的人，往往以悲情英雄自居，好在每天平凡的生活中体会到比朋友更多的优越感。

此外，还有人将身边的不幸拿来吹嘘炫耀。诸如"工作太忙连个休假都没有！""照顾家人太不容易了！""有个任性的朋友太麻烦了！"……

"失败"的确可以被用来作为凸显优越感的利器。"炫耀失败的情况并不少见"，这同样是优越情结的表现，它表明"我为人多正直，别人刻意隐瞒的事也坦白说出来。我是个品格高尚的人"。

一般被当作负面因素的不幸、厄运、失败，在具有优越情结的人看来，都可以用来凸显优越感。

你有没有夸耀不幸、吹嘘失败的经历呢？

## 第 21 句

能看到灵魂,预言未来,感到波动?
所谓的拥有超能力的人,不过是在借此逃避现实、失败感和自卑感。

# 第 2 章
## 努力装作强大，不如努力变得强大

"别人看不到的灵魂只有我能看到，因为我的'灵力'特别强。"

说出这番话必定会让周围人侧目而视，从而获得与众不同的特殊地位。这是优越情结的一种表现，恐怕连他本人都信以为真，感觉不到自己在撒谎。之所以能说得绘声绘色、确有其事一般，是因为当事人的确有这样的体验和记忆做证。

不过，阿德勒说，这些都是自己捏造的记忆。根据自己想要相信的故事，在无意识中只接收自己想要的体验，从而增加故事的可信度，这种现象在心理学上被称为认知偏差（cognitive bias）。根据一开始设定的结论，在后面千方百计地给出理由，这就是认知偏差。

阿德勒学派经常用下面这个故事举例。

某宗教团体的教主预言说，下个月会发生大地震，世界就要灭亡了。但是，到了下个月什么也没有发生。大家都嘲笑教主是个骗子，但是信奉者反而更加尊敬教主。因为教主说:"全靠我的诚心祈祷,地震才没有发生。"

总是把超能力体验挂在嘴边,并且对此深信不疑,这也是一种优越情结。

不妨想想,超能力体验是不是一种优越情结呢?

# 第 22 句

　　对有些人来说,就连性和婚姻都是用来追求优越性的道具。

　　就连本该给人们的心灵带来安定和慰藉的爱的课题,也会成为某些人追求优越性的工具。

对那些陷入情结的人来说，异性如同猎场上的猎物一般，是一种战利品，他们认为要与更多异性保持关系，方能显现自身的优秀。这导致在选择伴侣时，他们将征服对方看作是胜利。

即便结了婚，他们对另一半的支配欲也丝毫没有减少。这些人会利用诸如愤怒、悲伤、不安、极度焦虑等一切情感，或是生病、性行为来支配和控制另一半，从而确保自身的优越性。

本来，爱的课题就是与他人建立一种亲密关系，平等相待，甚至将对方看得比自己更重要。然而，如果以自我为中心，利用性或者爱去获得优越性，那么，两性关系必然不会融洽。

存在优越情结的人并没有做好两人共同生活的准备，所以两个人才会争吵不断。

与异性相爱不是一场比赛较量，而是要让彼此安心。

第 23 句

被父母炫耀的孩子会认为,不做任何努力就受到注目和赞赏是理所应当的。

父母和孩子都存在情结。

父母为孩子拍照、拍视频，给家人朋友观赏是日常生活中再普通不过的片段了。然而，一旦过度"晒娃"就危险了。

过分炫耀孩子不仅是父母的虚荣心作祟，也是优越情结的表现。更糟的是，这种行为还会对孩子造成不良的影响。

孩子被父母拿来炫耀，很容易感到这是一种奖励，于是就会像上瘾一般不断要求得到赞赏。尽管没有做出贡献，也还是要求得到赞赏；尽管没有做出丝毫努力，仍要追求看起来很强的样子。这是十分严重的优越情结。父母不该利用孩子来夸耀自身的优越性；这会让孩子也落入与自己同样的境地。

除了父母"晒娃"之外，那些独身主义者也存在同样的问题。在社交网络上发布内容也全都是为了追求优越性，通过发图、发文章来求得他人关注，甚至连自己都没有意识到其中隐含的炫耀的成分。内容也是多种多样：炫耀高消费、与名人为友、朋友众多、工作能力强、评论犀利，还有日程繁忙，甚至不幸等。这些过分炫耀显摆的倾向背后都隐藏着情结。

在社交网络上过度显摆的行为要引起我们的注意。

# 第 24 句

人人都有虚荣心。但是，人人都在小心掩藏。
野心就是虚荣心的另一种说法。

阿德勒曾说："没有人能摆脱虚荣心。"人们对虚荣心都没有什么好印象，因此大多数人总是隐藏自己的虚荣心。

每个人隐藏虚荣心的方法都不相同：有的会表现得格外谦虚谨慎，有的则会毫不在意，这两种人皆表现出与通常意义上那些虚荣心强的人完全相反的样子。

有些人不仅隐藏虚荣心，还要把虚荣心解释成是野心，声称自己只是富有雄心壮志。然而，阿德勒并不赞成这种说法，他认为野心就是虚荣心。

过于强烈的野心就是虚荣心。阿德勒指出，训练孩子充满野心对孩子没有一点好处。在儿童教育中，最重要的是让孩子充满勇气，忍耐力强，自信十足，敢于面对失败，并要教育孩子尽力解决新课题。

过度虚荣就成了优越情结，野心过大也同样如此。

阿德勒认为，在教育中不必赞美野心或鼓励人充满野心。与此相比，更重要的是本书后面提到的培养孩子的"共同体感觉"。

让我们用共同体感觉取代每个人都有的虚荣心和野心吧。

# 第 3 章
## 把弱小当作武器，无法改变人生

——关于"自卑情结"

我十多岁时，因为口吃烦恼不已，为了尽可能地纠正口吃的问题，（妈妈）时常出入图书馆，发现有位医生对口吃颇有研究，他就是阿尔弗雷德·阿德勒。

……

阿德勒说："西德尼，实际上几乎所有的人都有口吃。

所以不用担心口吃的问题。

口吃就口吃，

也没有什么办法。

但是可以确定一点，

你完全可以不拿口吃作为人生种种的借口。"

——引自《回忆阿德勒》

第 *25* 句

以弱小为借口来逃避本来应该面对的事,
这是人生的谎言,表面上的因果论。

所谓自卑情结，源于强烈的自卑感，是因不愿遭遇失败或受伤而去找理由，逃避本该面对的课题。

阿德勒常用"因为 a，所以不能 b"的理论，来说明自卑情结。举例说来，a 可以是遗传、才能、过往经历、精神病等，这些都是表面上的因果论。

以父母的遗传、没有才华、过去曾经失败过、身体不适等各种各样表面上的原因作借口，来逃避人生中遇到的难题，就是表面上的因果论。阿德勒指出，人生的三大课题是工作、交往和爱。"因为曾遭遇失败，所以这次也一定会失败。""因为父母不擅交际，所以自己也不会处理人际关系。""因为父母离异，所以自己也不想结婚。"凡此种种都是典型的自卑情结的症状，也都是表面上的因果论。

自卑情结的确能让人暂时逃避眼前的任务，但是逃得了一时，躲不了一世。并且，人生总会一再遭遇相同的课题。通往幸福的道路很简单，那就是不再逃避人生的课题，堂堂正正地面对这一切。

让我们放下自卑情结，不再找借口来逃避人生的课题。

## 第 *26* 句

经常使用"yes，but"的句式说话，是自卑情结的征兆。

"好的,我会尝试去做,但是因为没有经验,可能做不了。"

"好的,我知道了,但是因为时间紧张,可能没有办法做好。"

"好的,我会挑战一下,但是因为缺乏毅力,可能会坚持不下去。"

经常使用"yes,but"句型的说话方式背后也藏有阿德勒所谓的自卑情结。正如前面所说,自卑情结就是用遗传、才能、经历、健康状况等为借口来逃避人生的挑战的倾向。最为典型的表述方式就是先满口答应说"好的",再来个"但是"做转折。

当然,并不是"yes,but"句型的背后都是自卑情结在作祟。只有经常借此回避人生的课题,才称其为自卑情结。偶尔说"yes,but",或者即便总是把这样的话挂在嘴边,但却不是为了逃避人生课题的挑战,便都是健康的行为方式,这样的人也会拥有幸福的人生。

"yes，but"可以说是辨别自卑情结的化学试纸。当自己嘴里说出这样的话时就要多加注意,因此这也可以作为自我检查的好方法。

读者也不妨用"yes，but"的试纸来自我检测一下。

第 27 句

"假如 a 的话，就可以 b"是人生的谎言。

其实顺序恰好相反，不少人是为了逃避 b 失败，才找出 a 这个理由。

## 第3章
### 把弱小当作武器,无法改变人生

"假如没有生病(身体健康)的话,我就能努力工作了!"阿德勒指出,这不过是虚构的谎言罢了。真心话其实是这样的:我不想在工作上遭受挫败,所以才编出生病这个理由来推脱。不是"因为 a,所以不能 b",而是不想在挑战 b 时遭受挫败,所以才找到 a 来编造出"表面上的因果论"。

阿德勒经常反问患者:"如果我能马上治好你的病,你想做什么呢?"患者回答:"我会想要工作。""想要结婚。""想要独立。"而后,阿德勒指出:"原来不想面对的是这些事情呀,这才是生病的目的吧!"你就是不愿在事业、婚姻、独立上遭受失败,所以才编出了生病的理由,不过是为了逃避失败和挑战而已。

这类"表面上的因果论"和"人生的谎言"除了生病之外还有许许多多借口,比如没有钱、没有时间、没有才能、缺乏经验等。

阪急东宝集团的创始人小林一三先生曾这样说过,那些说因为没有钱所以办不了事情的人,即便有钱也一事无成。

当脱口而出"因为 a,所以不能 b"的时候,就要引起注意了。

## 第 28 句

那些口口声声说"找不到合适的结婚对象"的人,其实根本不想结婚。因为他们没有做好与他人共同生活的准备。

# 第 3 章
## 把弱小当作武器,无法改变人生

"虽然一直在找合适的结婚对象,但是一直都找不到那个合适的人。我之所以对结婚犹豫不决,是因为他原本就没有打算向前一步。"阿德勒说,这类人并不是找不到合适的结婚对象,而是害怕婚姻失败。

如今,随着日本晚婚趋势的不断加剧,终身不婚的人数也呈现出上升态势。此外,没有恋人的单身人数也在不断增加。换言之,越来越多的人在回避阿德勒心理学中所说的"爱的课题"。

大部分感叹"自己想结婚,却没有结成婚"的人,只想品尝婚姻的甜蜜,却不愿意承担随之而来的义务。所谓结婚,就是要与他人共同生活,那么必然需要相互忍让、彼此牺牲、做出让步。倘若不然,又怎么能体会到婚姻的甜蜜呢?

阿德勒说过:"人生的课题全都是人际关系的课题。"而结婚原本就是最亲密的人际关系。也就是说,爱和婚姻是人生最难处理的人际关系。阿德勒指出,正因如此,我们才会逃避结婚,或至少慎重对待,唯恐失败。

"我想结婚,却找不到合适的人结婚"或许是个谎言。

## 第 29 句

　　工作狂一天到晚忙工作，只是为了逃避烦心的夫妻关系、亲子关系和朋友关系。

## 第3章
### 把弱小当作武器，无法改变人生

在公司加班到深夜，双休日还要上班，这类工作狂时常找借口说："没办法，公事嘛。""太忙了！"等等。但是，阿德勒指出，这是为了逃避爱和交友的课题。阿德勒心理学认为人生有三大课题，那就是工作、交友和爱。但是，随着年龄的增长，人际关系越发紧密，也就越来越难处理。

那些一年忙到头的工作狂，一头扎进最容易轻松处理的工作中，就能逃避交友和爱的课题。在工作上，就算人际关系不甚融洽也没多大关系，但是，交友和爱的课题就没法装装样子、敷衍了事了。所以，他们才会选择用工作来逃避这一切。

这类工作狂时常伴有这样特质——"交流工作时相当放松，闲聊时倍感紧张""只要与异性说话就紧张"。前者是因为交友的课题而紧张，后者是因为爱的课题而紧张。对于工作狂来说，工作是最简单轻松的事情，交友和爱的课题反倒是最难处理的事情。所以，他们在交谈时才会表现得紧张。

做个工作狂是一种逃避面对朋友和异性的生活方式，但是不经历失败，自然也体会不到其中的乐趣。

第 *30* 句

搞婚外恋是因为害怕结婚。
与已婚者恋爱,就可以心安理得地不结婚。

# 第3章
## 把弱小当作武器，无法改变人生

并不是因为对方已婚，所以才没法结婚，而是因为不想结婚，所以才会选择和已婚者谈恋爱。这就是阿德勒心理学中所讲的目的论。

在大多数情况下，一些人不想结婚的理由不外乎是：不愿遭遇婚姻失败、害怕婚后生活不幸、不想失去独身生活的自由自在和轻松快活、不愿放弃被全家人宠爱的生活。这些都是逃避婚姻的理由。

于是他们琢磨着要怎么做才能逃避婚姻。对了，和已婚者谈恋爱不就好了！同样，如果对方遭到周围人的一致反对，也就结不成婚了。比方说，年纪相差悬殊的对象，社会上的流氓混混，蹲过大牢的罪犯等。阿德勒心理学认为，正是因为不想结婚，不想遭遇婚姻失败，人才会有意选择不可能结婚的对象去恋爱。

这也是自卑情结的一种。按照"因为 a，所以不能 b"的因果论，自己创造出理由 a，从而避免在 b 上遭遇失败。就这样自导自演，甚至连自己都没有察觉，最终自欺欺人。

如果真的想结婚，就去找适婚的对象约会交往吧。

第 *31* 句

　　失眠的人说:"要是晚上能睡着的话,做什么事都不在话下。"
　　这就是拿失眠症当作挡箭牌来逃避挑战。

# 第 3 章
## 把弱小当作武器，无法改变人生

"因为 a，所以不能 b。"对于有自卑情结的人来说，这种 a 和 b 会产生无数种组合形式，失眠症就是其中之一。这就能看出人多有创造力。然而，将创造性发挥在这种非建设性方面，对人生实在是毫无益处。

正如阿德勒所说，引发失眠症的除了心因性因素之外，还有大脑功能障碍或药物副作用。但在大多数情况下，原因不明的失眠症都是心因性的。饱受失眠之苦的患者可能在无意识中早已做出判断，认为"与其尝到失败的痛苦滋味，倒不如承受失眠的折磨"。

阿德勒指出，这不仅限于失眠这一种症状，还有原因不明的偏头疼、抑郁症、广场恐惧症、强迫症、焦虑障碍等，几乎所有人都没有注意到其产生机制，继续承受痛苦。

这种心因性疾病可能都是自卑情结引起的，它们的背后是"表面上的因果论"。

如果在无意识中为自己制造失眠的痛苦，就要引起注意了。

## 第 *32* 句

那些父母社会地位较高的孩子,比如公司总裁或者校长的孩子,遭遇失败的案例非常之多,这是因为他们认为自己没法超越父母,所以从一开始就放弃了努力。

## 第 3 章
### 把弱小当作武器,无法改变人生

孩子也会从否定的方面受到父母的影响。虽说阿德勒心理学否定因果论,主张目的论,但并没有完全否定遗传及成长环境对孩子造成的影响。

这些就是影响因(造成影响的原因)。然而,面对这些影响因,选择何种生活方式和思考方式,全由个人自行决定。也就是说,决定因(决定的要因)完全是由自己决定的。

众所周知,伟人的孩子一事无成的案例非常之多,那是因为他们被父母的成就压倒,将自己与父母对比,产生了强烈的自卑感。周围人的言行会加深这种自卑感:"都说虎父无犬子,你怎么那么普通?"

他人的窃窃私语和自己心里的嘀咕,会让自卑感越来越强烈,最终陷入情结。或是表现为优越情结,用高傲自大来逃避人生的课题;或是表现为自卑情结,一味拿自卑感当借口止步不前。可见做成功人士的孩子也不尽然是幸福。

伟人、名人、成功人士的孩子往往容易产生强烈的自卑感。

## 第 33 句

　　悲观主义者对危险的敏感度相当高,就算遇上微不足道的小事,也会大呼小叫,支配他人。

## 第 3 章
### 把弱小当作武器，无法改变人生

悲观的人并没有比普通人遭遇更多的危险和不幸，不过是与普通人相比，他们对危险的敏感度更高而已。

就算事态到了可以完全放心的程度，他们还依旧保持敏锐的嗅觉，警惕危险的发生。对此，阿德勒曾举过这样一个例子。

"他（她）无论遭遇怎样的不幸，或是有事不大顺利，都会认定自己这辈子做什么都会以失败告终。"

他们不是发现危险就作罢，在多数情况下，还会对周围人诉说自己的焦虑不安。一旦遇到危险，就会大呼小叫。

于是，周围的人就会经常会为他担心，对他温柔体贴、小心照顾，尽可能地满足他的要求。这一点其实他心知肚明。阿德勒如是说。

"之所以表现出焦虑不安，是因为知道焦虑不安可以成为支配他人的武器。"由于年幼时体会到生病可以作为一种武器，有些人尝到甜头后就会在无意中故技重施。阿德勒指出，这种情况会引发最难解决的教育问题。

注意，悲观主义或者爱操心是容易引发问题的。

## 第 *34* 句

一旦生病就能逃避任务,支配家人,病人不会放弃利用这个手段。

所谓的"疾病利益",也就是指生病时能得到的利益。

## 第 3 章
### 把弱小当作武器，无法改变人生

想必每个人都有过几次假装生病，向学校或者单位请假的经历。因为生病就会得到父母的关心，吃上美味的水果，得到他人的关心、同情以及温柔的对待，不少人对此都深有体会。从中，他们发现"一旦生病就会有好事发生"。于是，即便长大成人，不少人依旧会无意识地利用生病获利。

阿德勒还指出，这类疾病除了感冒之外，还有抑郁症、强迫症、广场恐惧症、偏头痛等。但是，"生病者"本人却往往没有注意到这一点。我们不妨认真想想引发症状的原因究竟为何，该如何治疗。

按照阿德勒的说法："生病当然是件痛苦的事。然而，面对课题（无法解决）的时候，有些人不愿意让人看到自己一无是处的样子，于是宁可选择生病遭罪。"

想要放弃借助疾病获益并不容易。

之所以得病，说不定就是因为疾病利益。

第 *35* 句

　　弱小即强大,没有父母会违背啼哭的婴儿的意愿。

## 第 3 章
### 把弱小当作武器，无法改变人生

在人类文化中，弱小具有一种非常强大的权力。事实上，如果要问在我们的文化中什么东西最强的话，理论上讲，这个答案是婴儿。婴儿之所以能够支配他人，恰恰是因为婴儿太过弱小，无法支配任何事物。

前面提到的"疾病利益"也是"弱小即强大"的一种体现，生病时的弱小成了支配家人的强大力量。在现代社会中，弱小也是强大。

这一悖论同样存在于佯装强大的优越情结和炫耀弱小的自卑情结的关系中。

阿德勒这样说道："优越情结中隐藏着自卑情结，自卑情结中暗含着优越情结。"乍看之下，两者完全相反。但事实上，弱小就是强大，强大就是弱小。

阿德勒把眼泪称作"水性的力量"，眼泪有时就是弱小的控诉。阿德勒说："一看到眼泪汪汪的人，就知道他有自卑情结。"孩子一旦学会用眼泪来支配大人，就会变成爱哭鼻子的可怜虫、说病就病的病秧子。这就是弱小即强大的另一表现。

不要利用弱小来胁迫他人，应当学会与他人平等地对话。

## 第 *36* 句

在人际关系中半途而废,反复换工作、换朋友、换伴侣。

这是自卑情结的表现。

# 第 3 章
## 把弱小当作武器,无法改变人生

有的人经常跳槽换工作,有的人不断离婚又结婚,有的人与朋友的交情总是长不了。他们不断在理想结果出现的那一刻前,就换掉工作、爱人和朋友。

为什么临近终点却总要半途而废呢?这是因为他们具有自卑情结。换言之,这类人被强烈的自卑感所左右,害怕面对失败,于是在最后关头选择半途而废。

一旦中途退出,成败就不会有定论。也就是说,无法确定是否会失败。对于那些怀有自卑情结、害怕遭遇失败的人来说,这种方法颇有吸引力。

这样他们就可以推说,自己是在最后关头退出的,这件事原本可能会成功。他们借助这种可能性来逃避挫败感。

常言道,坚持就是力量。反过来可以这样说:没有力量就无法坚持。这里讲的"力量",在阿德勒心理学中被称为"勇气"。"没有勇气就无法坚持",这正是自卑情结的典型症状。

如果做事总是半途而废,就要问问自己是否有自卑情结。

# 第 *37* 句

做事认真的人就算成功，也成不了英雄。而懒汉一旦成功，就会变成英雄。

懒汉就算失败也可以推说，如果认真做是能成功的。

所以，人人都会装作懒汉。

# 第3章
## 把弱小当作武器，无法改变人生

在学生时代，你一定有过这样的经历。考试当天，同学们间相互打听。"复习了吗？""完全没有复习！"或者有的同学发牢骚说："考试没有复习可怎么办呀！"为什么大家全都说自己没有复习呢？

这是因为假如在考试中获得了好成绩，没有复习却依旧获得了不错的成绩，他（她）就会被当作天才来表扬。而假如在考试中成绩不好，就会被认为是没有复习的缘故，也就没什么好说的。这样就不会暴露自己的无能，反而会得到他人的鼓励："如果好好复习，就一定能获得更好的成绩。"

相反，如果告诉大家自己用功复习到了深夜，别人就会认为自己取得好成绩是理所应当的。而假如没有获得好成绩，就会被人看不起。所以，最明智的做法就是假装偷懒，假装没有用功学习。不过，需要注意的是，一旦习惯成自然，就会陷入自卑情结，为了避免失败而制造借口，反复做无用功。

应当认识到，假装偷懒而不去好好学习的做法是在耍滑头。

# 第4章
## 缺乏勇气的人往往显得特别，
## 有勇气的人反而显得普通

——关于"勇气"

在阿德勒的办公室里，我帮儿子把外套脱下来。这时，阿德勒博士立刻让我多加注意。于是，我就察觉到了。

如今，小富兰克长大了，什么事情都能自己独立完成。

儿子如此充满自信，性格也不再内向腼腆。

比起儿子，我这个做母亲的更能体会到自己有许多事情要学。

## 第 *38* 句

　　所谓勇气，就是认为自己有能力、有价值的感觉。

人生不可能事事顺心如意，从职场工作、朋友交往、夫妻关系到亲子关系，可以说，人生就意味着接踵而至的难题。遇到困难时，人们可以有两种选择：直面困难或是逃避困难，后一种选择源于优越情结和自卑情结。我们可以看到它有多种多样的表现形式。

然而，就算自欺欺人，陷入情结逃避现实，也无法真正解决问题，自卑感只会越来越强烈，问题也只会越来越严重。这个时候，除了停止逃避、勇于面对，别无他法。那么，该如何做才好呢？阿德勒说，要让自己拥有"勇气"。

阿德勒说过："我只有在觉得自己有价值的时候，才会充满勇气。只有觉得自己的行为对周围人有贡献时，才会觉得自己有价值。"也就是说，勇气就是觉得自己有能力、有价值的一种感受。换句话说，勇气能够让人觉得自己有能力解决问题，并能对他人有所贡献，另外周围人也会把自己当作朋友（有价值）。于是，人们应坚信"如果其他人能做到的话，那么我也能做到"，从而获得面对困难的勇气。

鼓起勇气，面对困难，不再逃避。

## 第 *39* 句

拥有勇气才能获得成功,缺乏勇气就会自甘堕落。

阿德勒学派经常会讲起这样一段小故事。

在聚会上，某男子走到人群中交流，人们正在谈论美术，从梵·高、雷·阿诺聊到高更，男子没有一句话能插得上，他感到丢脸极了。那么，这位男子第二天会怎么做呢？

阿德勒学派是这样推断的：如果这位男子充满勇气，那么第二天他就会去图书馆恶补美术史。在哪里跌倒就在哪里爬起来，抓住机会一雪前耻，正面解决问题，而不是选择逃避。

另一方面，如果这位男子缺乏勇气的话，恐怕就会说这样的话为自己找借口："美术无聊至极，根本没什么用，也就是那些有钱人的嗜好罢了。"通过这样贬低对手，自己不做任何努力就获得优越感。在阿德勒心理学中，这种行为被称为"合理化"或"价值贬低倾向"。

那么，这位男子究竟该如何抉择才会幸福快乐呢？答案一目了然。

阿德勒认为，成功离不开勇气。心理咨询师的工作就是帮助人鼓起勇气，从绝望走向希望，让人集中力量完成有用的工作。

如果想要获得成功和幸福，就必须拿出勇气。

第 *40* 句

拥有勇气的人自己解决问题,并对他人有所贡献。

既不依赖别人,也不支配别人。

拥有勇气的人会自己解决问题，并且能够贡献自我、协助他人。

缺乏勇气的人遇到问题不去解决，还把自己的问题抛给别人。他们认为"自己既没有能力，也没有价值"，无法解决自己的问题，为了免遭挫败就会借助情结来自我逃避。

阿德勒将有勇气的人称为"普通人"或"正常人"。心理健全的"正常人"在遇到困难时就会鼓起勇气，充满活力地去应对挑战。因为对于正常人来说，他们能解决自己的问题。另一方面，一个人是否缺乏勇气则可以根据以下的行为特点来判断：缺乏勇气的人为了逃避自己的课题，榨取他人的帮助（友情、劳动和爱情等）。一个人是否有勇气，只要看他能否解决自己的问题就知道了。

然而，一个人是否拥有勇气并不是一成不变的。就拿笔者来说，人生中既有充满勇气的时候，又有缺乏勇气的时候，此时最重要的就是补足勇气（方法在后面论述），然后，再朝着解决问题和贡献自我的方向前进。

缺乏勇气时就要补足勇气，积极面对人生的课题。

## 第 *41* 句

有勇气的人总是处于自然放松的状态。

他们相信"他人是朋友,问题能够解决",所以即便遇到困难,也依旧能保持放松。

阿德勒说，那些缺乏勇气、患有精神疾病的人时常觉得自己深陷敌营，精神紧张。这是因为他们把周围的人都当作敌人，认为自己无法克服困难。

另一方面，有勇气的人更加自在放松，因为他们把周围的人当作朋友，认为自己能克服困难。

可见，有勇气的人并不只是沉着冷静、天生乐观。当他们遇到困难和不愉快的时候，依旧能够坦然面对并接受困难，并且有面对困难的觉悟，坚定意志、放松身心。

此外，拥有勇气的人还有一个特征，就是他们会保持自然放松的状态，不仅谈吐自然，就连态度和步态也自然不做作。阿德勒指出，像这样有勇气、有自信、能够放松自我的人，无论在人生得意时还是遇到困难时都能受益，不管遇上什么情况都能泰然处之。我也希望成为充满勇气、自在放松的人。

不妨看看自己能否保持自在放松的状态。

第 *42* 句

拥有勇气的人善于结交朋友。

在职场上和私底下都与周围的人相处融洽,因为他们不只关注自己,还关心他人。

判断一个人是否有勇气，其中一个方法就是看他是否容易与他人相处。具体说来，就是看他是否善于结交朋友。

有勇气的人会将周围的人看作是伙伴。因此，轻而易举地就能交到朋友。所以，无论在职场上还是私底下，都能与周围的人关系融洽。

另一方面，缺乏勇气的人将周围的人当作敌人，自然也就无法与他人交朋友。在职场和私底下，都无法与周围的人相处融洽。

关于对周围人的关心程度，阿德勒也曾有过论述。他认为，缺乏勇气的人满脑子只想着自己的事，只关心"周围的人到底是怎么看我的"，但他们很少关注周围的人。对他人漠不关心，自然也就很难交到朋友。

相反，有勇气的人不仅会考虑到自己，还会关心周围的人。正是因为懂得关心他人，才能结交到朋友，并且与周围的人相处融洽。因此可以说,受到集体主义教育的孩子更擅长与他人交朋友。

那么,你是否能轻松交到朋友呢?这也可以说是一种测试勇气的方法。

轻松交朋友,不用想得太复杂。

## 第 *43* 句

缺乏勇气的人是悲观主义者。
充满勇气的人是乐观主义者。
在认识到风险的情况下,选择乐观主义。

## 第4章
### 缺乏勇气的人往往显得特别,有勇气的人反而显得普通

阿德勒认为,要知道一个人有没有勇气,也可以从他是悲观主义者还是乐观主义者来进行判断。

乐观主义者性格坦率,能勇敢面对所有的困难。

悲观主义者的目光更容易停留在人生的阴暗面上。比起乐观主义者,悲观主义者会更多地意识到人生艰难,容易失去勇气。

可以说,有勇气的人是乐观主义者,缺乏勇气的人是悲观主义者。

阿德勒学派的信奉者们时常引用法国哲学家阿兰在《幸福论》中的名句:"悲观主义是一种情绪,乐观主义是一种意志。"

如果我们什么都不做的话,就会在不知不觉中陷入悲观主义。反之,如果抱持坚定意志,选择乐观面对人生,就能如阿德勒所说,拥有勇气、率直、信赖、勤奋等品德。

坚定地选择乐观主义,不失为一个鼓起勇气的好办法。

不要被悲观主义所左右,坚定地选择乐观主义吧。

## 第44句

　　充满勇气的人即便遭遇失败，也不会一蹶不振。

　　因为他们知道总有一天能够成功。

## 第4章
缺乏勇气的人往往显得特别，有勇气的人反而显得普通

人生免不了失败，世上没有哪个人不曾经历过失败。

缺乏勇气的人，会在快要失败时立刻陷入情结、自我逃避。遭遇失败之后，他们会拒绝下一次的挑战，把"再也不要经历失败了，不想再受伤"当借口，从一开始就逃避困难和挑战。

有勇气的人即便快要失败了，也不会半途而废。失败以后也不会选择逃避。在他们看来，就算真的失败了，这一点伤也算不了什么。

他们之所以无所畏惧，是因为他们相信，就算这次失败了，也总有一天能够克服成功。他们对未来充满希望。

同样，两者在如何看待周围的人上，在究竟将他人视作朋友还是敌人方面，也存在巨大的差异。

缺乏勇气的人把周围的人当作敌人而非朋友，认为如果失败就会被他人责备。他们害怕被人当作傻瓜或被别人讨厌。另一方面，有勇气的人将他人看作是朋友而非敌人，相信自己就算失败了，也会得到朋友的谅解和关心。所以对于有勇气的人来说，失败并不可怕。

不用害怕失败，就算失败也没关系，要相信自己和朋友。

第 *45* 句

　　缺乏勇气的人往往显得特别，有勇气的人反而显得普通。 因为他们有接受普通的勇气。

## 第 4 章
### 缺乏勇气的人往往显得特别,有勇气的人反而显得普通

缺乏勇气的人往往显得特别。在他们看来,如果自己毫无特点就没有价值,也不会被他人所接受。所以总是要让自己看起来与众不同。

如果拥有特别的才能,或者学历高,或者相貌出众,就能让别人接纳自己。他们坚信,如果没有"特别"这道挡箭牌,就无法生存。

这表明他们对当下的自己不信任。此外,也不相信别人能成为自己的朋友。既不信任自己,也不相信他人,这些都是缺乏勇气的特征。

有勇气的人从不畏惧自己的普通。尽管自己没有什么特殊的才能,但还是对自己十分自信,相信自己能被朋友接纳,被视作有价值的人。

他们能够坦然接受自己的缺点和不足,并且相信周围的人是朋友,这些都是有勇气的表现。所以,要"遵守规律,做一个普普通通的学生"。

你自己是个"特别"的存在吗?是否有勇气接受"普通"呢?

## 第 46 句

拥有勇气的人懂得与社会相协调,做自己适合和喜欢的事的同时,自然会造福社会。

## 第4章
### 缺乏勇气的人往往显得特别，有勇气的人反而显得普通

要想鼓起勇气迈向幸福人生，就必须要自己解决自己遇见的问题，并且对周围的人有所奉献。

然而，奉献不是说要勉强自己，勉强自己是没有办法长期坚持下去的。只有自然做到了这些，才能做到长期坚持下去。

阿德勒这样说过："当个人的生活方式适宜时，不论是否出于本意，其工作都会对社会有所贡献。"

有的人在追求优越性时，就有让他人受益的倾向，有的人采取利他的方式努力前进。也就是说，做那些适合自己、自己喜欢并且擅长的事情去造福社会。这就是那些人拥有源源不断的勇气的秘诀。

无论是处理事务，还是与人交往，只要是做自己喜欢并且擅长的事情就好。充满活力地做好自己，就能造福社会。不妨寻找这样一条的道路。

做自己喜欢并且擅长的事，由此造福社会。

## 第 *47* 句

　　破坏规则的罪犯并非勇气十足,反而是因为缺乏勇气。
　　反社会行为都是胆小怯懦的表现。

## 第4章
缺乏勇气的人往往显得特别，有勇气的人反而显得普通

时常破坏规则的人表面看来勇气十足，但这不是勇气，是佯装勇气十足的伎俩。

罪犯逃避警察，钻法律的空子，利用犯罪行为来恐吓社会，这不是强大而是弱小的表现，是缺乏勇气、胆小怯懦的表现。为了隐藏自己的胆小怯懦而逞强，这就是典型的优越情结。

不仅罪犯，那些长大成人后依旧时常破坏规则的人和总给别人惹麻烦的人也是如此。他们逃避"努力""协作""贡献"这类有价值的事情，佯装强大、自欺欺人。

阿德勒说过："预防犯罪最好的方法，就是让所有人都知道犯罪是胆小怯懦的表现。"周围的人必须要多加注意，不要误以为罪犯和违规者有勇气。

实施犯罪和违规行为不是英雄所为，而是胆小怯懦的表现。

## 第 *48* 句

工作不顺的人首先要把顾客和同事当成朋友。说到底,工作的课题就是交友的课题。

# 第 4 章
## 缺乏勇气的人往往显得特别，有勇气的人反而显得普通

阿德勒说，"人生有三大课题"，那就是工作、交友和爱。工作不顺的时候，该怎么做才好呢？阿德勒指出，解决工作问题的最佳方法就是处理好第二个问题，也就是交友。具体说来，就是要把顾客、同事和上司当作朋友来对待。在工作中尊重他们的喜好，确保他们的利益。

儒家的荀子有一句广为人知的话："先义而后利者荣。"这句话也被大丸百货公司以及许多企业当作是经营理念。阿德勒的观点与荀子的十分相近。先把顾客和朋友当作朋友，不宜有他，先行满足他们的喜好，而后你也会得到好处。

拥有勇气的人善于将自己的课题与他人和社会相协调，进而解决问题，把工作相关对象当作朋友。

工作不顺的时候，试着像对待朋友一样对待工作伙伴。

## 第 *49* 句

勇气是共同体感觉的一部分,阿德勒心理学中最重要的概念就是勇气和共同体感觉。

# 第4章
## 缺乏勇气的人往往显得特别，有勇气的人反而显得普通

阿德勒曾经说过，"勇气是共同体感觉的一部分"。明确了勇气的定义我们就自然会明白什么是共同体感觉。

所谓勇气就是，"能解决自己的课题，并对他人有所贡献（有能力）的感觉"。还有"与人为善，在他人心中有一席之地（有价值）的感觉"。这两点是与他人相互协调的前提。所谓的共同体感觉，就是把他人的喜好当作是自己的喜好，具备帮助他人的能力并做好相应的准备。

换言之，缺乏共同体感觉就不可能拥有勇气，缺乏勇气也就无法发挥共同体感觉。共同体感觉不是一种情感，而是一种行动。假如不付诸行动，那就是装腔作势，称不上共同体感觉。为此，我们就必须要拥有克服困难的活力，即勇气。正因如此，阿德勒才发表此言论。个体心理学才必须要一而再再而三地打出"共同体感觉"和"勇气"的标语。

勇气和共同体感觉是阿德勒心理学中的核心概念。可以毫不夸张地说，两者在阿德勒心理学中犹如车之两轮、鸟之双翼。

鼓起勇气，将共同体感觉付诸行动。

# 第5章
## 所有的失败都源于缺乏共同体感觉

——关于"共同体感觉"

阿德勒曾与某位女士有过这样一段对话。

这位女士因为丈夫的事而烦恼,怎么都睡不着觉。于是,阿德勒对她说。

"如果今晚还是睡不着,不如想想怎么做才能让你丈夫开心,明天一早就打电话告诉我,可以吗?"

第二天早上,这位女士打电话过来。

"阿德勒博士,实在是对不起,没有办法答复你要求的事,昨天晚上我睡得实在是太香了。"

——引自《回忆阿德勒》

# 第 50 句

所谓共同体感觉,就是能够体会到帮助他人的喜悦,感受到付出远比收获更快乐。

阿德勒认为，共同体感觉能够让我们从心底感受到帮助他人的喜悦，并且体会到付出远比收获更快乐。"越是帮助他人，给他人带去越多喜悦，就越能够激发出人的共同体感觉。"人们要想获得幸福，就需要拥有勇气和共同体感觉。

矢量用带箭头的线段来表示"方向"和"长度"。如果将阿德勒所说的幸福生活的条件用矢量来表示，那么，线段符号的长度就代表活力的程度，即勇气的多少；箭头的方向就代表幸福生活的方向，即共同体感觉。

阿德勒说，是否拥有共同体感觉一看就知道。拥有共同体感觉的人，从外表上就能让他人感受到生活的喜悦，并对他（她）产生好感。与此相反，缺乏共同体感觉的人往往郁郁寡欢，一副心事重重的样子。

拥有共同体感觉的人会用实际行动做贡献，并且能够把生活的喜悦和人生的美好传递给他人，给他人也带来好处。

让我们用心感受帮助他人和付出的喜悦。

第 *51* 句

　　共同体感觉是心理健康和幸福的晴雨表,还是指引方向的星星。

阿德勒评价和判断人的尺度就是勇气和共同体感觉。也就是说，用共同体感觉的有无来划分人群，以共同体感觉的多寡来作为判断正常与否的标准。

人可以分类为正常或异常、幸福或不幸。可以说，共同体感觉的有无，不仅决定着失败或成功，还决定着善与恶。另外，阿德勒将共同体感觉看作是引导全社会幸福的明灯，甚至说除共同体感觉的多少之外，别无其他认定标准。其对共同体感觉的重视，由此可见一斑。

共同体感觉是有关价值的心理学，阿德勒将价值观引入心理学的领域。当时的精神医学界反驳："这不是科学，而是宗教。"基督教团体认为，共同体感觉并不是什么新事物，在基督教的教义中就提到过。对此，阿德勒谦虚地说："这是迄今为止对我最大的赞美。"在阿德勒看来，科学和宗教的划分毫无意义，有利于治疗患者才是最重要的事。

共同体感觉是指路明灯，迷失时可以为人指引方向。

# 第 *52* 句

所有的失败都源于缺乏共同体感觉。
欠缺合作能力才会导致失败。

"我们所谓的失败,全都是缺乏共同体感觉的表现。"阿德勒如是说。由于"所有的问题全都是人际关系的问题",理所当然"所有的失败都是人际关系的失败"。而衡量人际关系成功还是失败的尺度,就在于共同体感觉。

拥有共同体感觉,人生就会成功,否则,人生就会失败。这就是阿德勒心理学的基本观点。

令我们感到幸福的是看到我们的朋友和家人幸福,为了让我们爱的人获得幸福,哪怕只能尽一份微薄之力,我们自己也会感到幸福快乐。

打个比方,就算我们拥有再多的金钱、豪车和名牌,如果住在空无一人的孤岛上,这一切也都毫无意义。人是这样一种社会性动物,当我们与同伴分享自己所拥有的财富和能力,以及为同伴贡献自身时才会感到快乐。此外,与其他动物相比,人类很弱小。因此,人只有合作共享才能够获得幸福,而衡量成功与否的尺度同样是共同体感觉。

当遭遇失败时,就要自我反省共同体感觉是否发挥得当。

## 第 *53* 句

没有共同体感觉的人会招致全世界的声讨:
"地球上没有你的一席之地,赶紧消失!"

这不像是温和的阿德勒的风格，但却是他的原话。阿德勒措辞辛辣，认为没有共同体感觉的人是对地球和宇宙的全盘否定。他断言，若没有共同体感觉，无论是谁都没有办法生存。

把话说得那么斩钉截铁，一定会有人产生这样的疑问："那些不擅长处理人际关系的奇人，如一些科学家、艺术家又怎么生存呢？不擅长处理人际关系的专家就没有存在的价值吗？"

当然不是这样的。在科学、艺术或是经济、法律等领域，有许多专家都不擅长处理人际关系。虽然不善于交际，但是他们却能在自己擅长的领域充分发挥共同体感觉。他们会投身于自己擅长的专业领域，做出了不起的成就，让整个社会因此受益。这也是为共同体贡献自身的一种方式。共同体感觉的发挥方式因人而异，各不相同。只要用自己擅长的方式方法为社会做贡献就好。

第 *54* 句

婚姻不是永远幸福快乐的天堂。

结婚后的生活课题依旧是人际关系的问题，夫妇间要以对方之乐为乐。

不要误以为结婚和爱就意味着永远的幸福快乐。对于那些迷恋对方的长相或社会地位而陷入爱河的情侣来说，往往会认为婚姻就一定是天堂。如果认为恋爱关系不属于一般的人际关系，那就大错特错了。

有过长期稳定的婚姻生活经历的人都知道，阿德勒所言不假。陷入爱河时的怦然心动用不了几年就会消失殆尽，而那些能够在长期的婚姻生活中体会到幸福的夫妇，都懂得为彼此着想，把对方看得比自己更重要。这与普通人际关系处理得成功的秘诀是一样的。

阿德勒说："妻子要把丈夫当作是朋友，而丈夫也要以妻子之乐为乐……作为同伴，要比关心自己还要关心对方。"这就是阿德勒说的，人际关系的根基就是交友的课题。工作和爱的课题，归根结底都要遵循交友的基本原则，就是要将对方当作是值得信赖的朋友。恋爱也好，结婚也罢，都离不开处理普通的人际关系问题。

不要以为婚姻就是永远幸福快乐的天堂，要把对方当作朋友来对待。

## 第 55 句

　　共同体感觉强烈的人成为教师的目的在于奉献，共同体感觉薄弱的人成为教师的目的在于支配弱者、自得其乐。

阿德勒曾对一位想要当律师的年轻人说："你想要成为被尊敬的人吧？"

年轻人否定了这个说法："我没有这么想。"

数月之后，叔父找他谈话时问："你为什么想当律师呢？"

他回答说："我做律师并不是想要获得尊重。"

话一出口，他感到惊讶极了，因为想起了阿德勒曾对自己说的话。

有的人当医生是为了拯救生命，也有的人当医生是为了获得社会地位和财富。有的人当管理者是为了帮助团队伙伴，也有的人当管理者是为了对下属耀武扬威。

人们的目的各不相同，这是由共同体感觉的强弱所决定的。是要为社会做贡献还是追求自己个人的优越性呢？想要成为优秀的教师、律师、医生、管理者，还是讨人厌的"专业人士"，这些都取决于我们的共同体感觉。

选择职业时不要只追求个人的优越性，还要虑及为共同体做贡献。

## 第 *56* 句

健忘、粗心、经常出错的人对朋友毫不关心,这些都是因为共同体感觉较弱。

所有行动都有其目的，这个目的究竟是追求优越感还是回避自卑感？对于稀里糊涂、时常犯错的人来说也是一样的，丢三落四的行为究竟是为了追求优越感，还是在无意识中逃避自卑感呢？

阿德勒指出，粗心大意是因为我们对朋友毫不关心。假如我们关心朋友，拥有较高的共同体感觉，就不会那么健忘，在糊涂犯错之前会注意检查，做好更细致的准备。

说来惭愧，笔者也是典型的健忘人群。从小时候开始我就有这种倾向，一心只想着自己的事情，而不是朋友的事情。然而，通过学习阿德勒心理学，我不再为自己感到羞愧，而是充分发挥共同体感觉，不给朋友添麻烦，积极为他人做贡献。当然，冰冻三尺非一日之寒，问题不可能一朝一夕就得到解决。与以前相比，我变得不那么健忘了。但是我认为不能止步于此，要尽可能地细心谨慎、预防检查，运用心理学，更好地发挥共同体感觉。即便我们不能完全发挥共同体感觉，也要努力付诸行动。

平日里健忘、总是犯错的人，要尽可能地注意检查和小心预防。

第 *57* 句

　　共同体感觉较高的人不仅懂得为他人付出，在自己需要帮助时，也会有勇气向外界求助。

拥有共同体感觉的人乐于助人，以他人之乐为乐，这就需要我们相信他人不是敌人，而是伙伴。如果把他人当作是敌人，就会在得到他人帮助时把好心当成歹意，甚至误解他人，因而无法向他人求援。

相反，如果将他人当作朋友，当自身能力或经验不足的时候，就能毫不犹豫地寻求他人的帮助。之所以无法开口向外界求助，是因为没有把他人当作朋友。阿德勒认为，朋友乐于相互帮助，并且在自身能力不足时，能够接受他人的援助。

与朋友和家人之间相互信任，就像坐跷跷板一样有来有往。这次给对方提供帮助，下回反过来接受对方的帮助。如此反复下去，自然就能相互帮助了。这意味着我们不仅要有能力付出，也要能接受他人的帮助。这是检验共同体感觉的晴雨表。

将对方当作朋友信赖，当自己有所不足时，大大方方地向对方求助。

第 *58* 句

　　共同体感觉薄弱的人就像做空手拳击练习一样,明明没有对手,却还一个人紧张战斗。

拳击场上会有对手，但在空手拳击练习时是没有对手的。虽然没有对手存在，但练拳时还是会想象眼前有一个对手，然后不停地对这个假想敌出拳和防御，这就是空手拳击练习。

与空手拳击练习十分类似，阿德勒指出，共同体感觉薄弱的人会把身边的朋友想象成敌人，认为对方的言行举止都是在攻击自己，因而小心防范，四处闪躲逃避；此外，一旦有机会就会向对方反击。

把周围的人当作是敌人，草木皆兵，结果会搞得自己身心俱疲，得不到片刻的安宁。

另一方面，如果信赖他人，就会把身边的人当作朋友。信任是不需要理由的，也就是因为没有理由才称得上信任。如果能意识到自己是独自一人在做空手拳击练习，就已经迈出了改变自己的一大步。

把周围的人当作朋友，不要独自做"空手拳击练习"。

# 第 59 句

　　共同体感觉并非与生俱来,每一个人都拥有生发共同体感觉的种子,需要父母和教师为它提供阳光雨露。

学校是孩子们为完成社会课题做准备的实验场。阿德勒说，通过孩子们在学校里的表现就能看出他们能否适应社会和处理社会问题。

共同体感觉的强弱并不是与生俱来的，没有哪个孩子生来就毫无共同体感觉，也没有孩子生来就拥有百分之百的共同体感觉。在阿德勒看来，每个人生来都拥有相同的共同体感觉的种子，这颗种子在各种各样的家庭和学校中生发起来，开花结果，这就是教育的作用。

虽然每一颗种子都是平等的，但是由于养育的环境不同，因此会产生不同的结果。种子的生长离不开每天浇水施肥以及沐浴温暖的阳光，有的父母和老师倾注大量心血，照顾得当，但也有人做得没那么好。

共同体感觉这朵花的盛开离不开周围人的帮助，这其中教育的影响至关重要。将共同体感觉薄弱归咎于遗传，倒不如反思一下父母和老师的言行和教育方式。

请给共同体感觉的种子提供成长不可或缺的养分。

第 *60* 句

　　只有那些认识到自己离不开整体、自己是整体的一部分的人，才会拥有较强烈的共同体感觉。

阿德勒从各种不同的角度来界定共同体感觉。其中之一就是指出个人是作为整体的一部分的存在。这里的整体就是指共同体。换言之，拥有共同体感觉就是承认自身归属于比自己大的集体、组织、社会、宇宙，承认自己是其中的一部分，作为其中的一部分而存在。

这么说来，我们作为公司、学校或组织中的一颗"螺丝钉"，岂不是只有抹杀自己才能够生存下来了吗？其实并不是这样。

阿德勒定义的共同体并不是具体的组织，而是抽象的概念。共同体不是指当下的集体或社会，而是全人类理想的共同体和最终实现的目标。所以，这里讲的整体是指所有的人、生物、宇宙都得到幸福的理想世界。我们是作为整体的一部分而存在的，这里所指的整体是人类的理想，而不是我们眼前小小的公司或者组织。

所谓发挥共同体感觉，并不是针对我们眼前的组织而言，

## 第 5 章
### 所有的失败都源于缺乏共同体感觉

而是思考如何做才能让每一个人都真正获得幸福,并为此行动起来。

个人不是去做组织的一颗螺丝钉,而是为了全人类的理想而思考并行动起来。

第 *61* 句


不是抹杀个性、不断自我牺牲,而是发挥个性,同时为共同体做贡献,两者并不矛盾。

# 第5章
## 所有的失败都源于缺乏共同体感觉

共同体感觉这个概念十分容易被误解，因为说到"作为整体的一部分生存"，就容易被理解成要抹杀个性、克制忍耐、自我牺牲。但这并不是阿德勒的原意。他指出，如果这样做，人会因过度适应社会而失去自我。但是，如果走向另一个极端——任何情况下都把自己的利益放在第一位或者个性发展得过强，阿德勒也表示明确反对。

那么究竟该怎么做才好呢？笔者认为，个性和共同体感觉的发挥可以两不耽误。请回想一下本章开头介绍的那位失眠女士的案例。思考"明天，做什么才能让你丈夫开心"就是"个性的发挥"。能让伴侣开心的方法太多了，这就需要发挥自己的个性。那么，在带给对方欢乐的同时，自己也会感到开心。这就是共同体感觉的发挥。这两者并不相悖，可以兼顾。

通过做自己擅长的工作，让他人满意开心，自己也因此受益。这样做既顾及个性和个人利益，又兼顾了共同体感觉的发挥。

在我们发挥个性、遵循自身利益的同时，也要发挥共同体感觉。

## 第 62 句

"这就是共同体感觉"并不是绝对的真理。共识能替代共同体感觉,往往比个体感觉更加准确。

# 第5章
## 所有的失败都源于缺乏共同体感觉

各位读者看到这里,想必已经充分理解了在人生中发挥共同体感觉的重要性。然而,问题在于实践,在具体的日常生活中往往很难判断究竟该如何做才好。

举例说来,假如自己的孩子抵触上学,那么强行把孩子送到学校是共同体感觉的发挥吗?既然孩子自己不喜欢,是不是承认厌学更好呢?许多人都很难判断该怎么做吧?阿德勒这样说过:"就连科学都不能说是绝对的真理,何况是共同体感觉。"换言之,没有什么绝对不变的标准,谁都不知道正确的答案。

那么,是不是说我们没有办法做出判断呢?也不尽然。阿德勒认为,根据共同体感觉进行判断,通常是正确的。

然而,共同体感觉会随着时代而发生变化,从前或许孩子厌学就理所应当地被强行送到学校,而现在就跟从前有些许不同了。这是因为作为判断指向的是不断变化的共识。

当我们不知如何判断时,就听从共识。

## 第 63 句

　　解决所有问题的唯一办法，就是激发共同体感觉。

　　这样就能从一切困难中解脱出来。

# 第 5 章
## 所有的失败都源于缺乏共同体感觉

笔者曾经饱受抑郁症之苦，千方百计地探寻"如何才能从这种苦难中解脱出来"，为此长期感到迷惑。或许正是因为有过这样一段经历，所以当我在阿德勒的著作中看到这番话时豁然开朗，就好像在黑暗中看到了一线光明。

"如果说我们对如何克服所有困难能够有个统一的解决方法，那就是激发共同体感觉。如果我们能成功激发共同体感觉的话，所有的困难就都不足为惧。"这个答案简洁有力，让以往的所有难题都迎刃而解，令人感到畅快淋漓。

我感到苦恼的谜题终于解开了，终于看到了未来前进的方向。然而，虽然心里明白，但是付出行动、改变自己并没有那么容易。就算心里已经想明白了，也还是会有犯错或者倒退的时候。但是，有了这盏指路明灯，就能少走弯路。

解决一切烦恼的唯一方法就是激发共同体感觉。迷茫时回到这个原点，就不会迷失方向。

所有一切的烦恼和痛苦都可以通过发挥共同体感觉得到解决。

# 第 6 章
## 情感激烈的人具有强烈的自卑感

——关于"情感"

阿德勒很少谈及自身的成长。

即便说起，也只是截取片段来说。

他曾经提起过，自己还在蹒跚学步的时候，一旦生气就会喉头收缩，出现轻微呼吸不畅的现象。

数十年后，等他了解了易怒性格的成因，再回忆起当年的趣事时说道：

"那时的情况让我非常痛苦，所以三岁时就下定决心不再生气。从那天起，我就再也没有发怒过。"

——引自《阿德勒的生涯》

第 *64* 句

我们并不是被情感所支配的，而是当自己对未来的方向和态度缺乏自信时，创造出情感来推自己一把。

"如果人没有情感的话，谁会想要找个人结婚呢？"这是阿德勒学派经常说起的玩笑话。

所谓的情感并不是突如其来、毫无缘由的存在，而是为了帮助自己，自我创造出来的，并为己所用。

人不是因为沉溺于恋爱的感觉，所以才会向对方告白，而是为了向对方告白，才自己创造出恋爱的感觉。利用情感在背后推了自己一把。

人也并不是因为受到生气的情感支配才发出怒吼，而是要借此表达自己的意见，为了支配他人，才表现出愤怒这种情感。

关于情绪，阿德勒曾说过这样一段话："人按照性格（生活风格）行动。但是当它偏离共识的时候，为了坚持自己的性格（作为个体感觉的生活风格），就会创造情绪并加以利用。行动＝性格（方向）×情感（推动力）。情感就是为了实现个体感觉而行动的增幅装置，也可以比作是汽车的涡轮增压器。"

冲动行为并不是情感造成的。

## 第 65 句

情感激烈的人具有强烈的自卑感。
因为缺乏自信,所以才要利用情感。

当自己的性格（作为个人感觉的生活风格）偏离共识的时候，为了坚持自己的意志，情感就成了在背后推一把的助推器。

假如我们的性格没有偏离共识，就不必使用情感。就算背后没有助推器，自己的行为也会被他人所接纳，也就没有必要利用情感。最好的证据就是，一般的行为不会用到情感，总是泰然处之。人们的日常行为往往不会伴有情感。

相反，当我们的性格大幅偏离共识时，就需要利用情感使之正当化。几乎在所有情况及场合下，这都意味着共同体感觉较弱。共同体感觉较弱的人往往缺乏同情心，只考虑到自己的感受，人际交往不顺利，难以获得幸福，因而时常感到自卑。为了掩饰这种自卑感，就会利用更多的情感去推动自身。

激烈的情感和强烈的自卑感互为因果。激烈的情感归根到底是为了隐藏强烈的自卑感。

频繁使用激烈情感时，要意识到这是强大的自卑感在作祟。

## 第 66 句

　　情感可以分成"让人相互亲近的情感"和"让人相互疏离的情感"两种。
　　兴高采烈的人身边最能聚集人气。

阿德勒把人的情感分成两类，一类是"让人相互疏离的情感"，具体说来，就是发怒、厌恶、悲伤、不安、嫉妒等。另一类就是"让人相互亲近的情感"，具体说就是喜悦、高兴。

有趣的是，有些情感既让人疏离又让人亲近，那就是同情和羞耻心。这又是为什么呢？

同情本来是促进人与人相互联系、相互亲近的情感，促使人用心去感受他人的痛苦和艰辛。然而，同情总是容易被别有用心的人利用。因为人们一般认为，富有同情心是温柔的表现。于是，伪善者就利用这一点，装作同情的样子来博取人们的好感。阿德勒指出，如果同情和羞耻心被伪善者利用，就会令人与人相互疏离。

情感能够表现出个人拥有共同体感觉的积极面和消极面。无论如何，喜悦的情感总是会让人与人相互亲近。毕竟人都喜欢心情愉悦。

多多表现开心喜悦，让彼此更亲近吧！

## 第 67 句

　　人们常常利用嫉妒来剥夺对方的自由,强迫他人听从自己的意愿。

　　贬低对方,让自己高高在上。

嫉妒就是当自己爱的人或者拥有的事物面临被夺走的危险时，不惜贬低、责难、束缚，甚至除掉争夺者或者被争夺对象的一种情感。阿德勒说："嫉妒的作用就是用来贬低和责难他人。"从这个意义上说，嫉妒是让人与人相互疏离的情感。

对于嫉妒的人来说，他们想要的战利品无非有两样。第一，束缚自己爱的人或者拥有的事物。当这个对象是恋人或婚姻伴侣时，就要束缚对方，让他（她）无处可逃。第二，贬低对方的价值，让自己高高在上。这就是之前我们学到的表现为价值贬低倾向的优越情结。在恋爱关系以外，职场上的嫉妒不仅会表现为贬低和束缚对方，甚至还表现为不惜排挤掉对手。

嫉妒就是从这两方面来满足自己欲求的强烈情感。因此，人们常常利用这种情感。但是，嫉妒不仅会使人与人彼此疏离，还会带来巨大的副作用。所以，不如学会放弃嫉妒，正面解决自己的课题。

不要嫉妒或贬低对手，而要通过努力让自己站得更高。

## 第 68 句

　　利用愤怒让他人屈服、支配他人是牺牲对方、抬高自己的卑鄙手段。

　　为了让一切如意,愤怒就会成为惯用伎俩。

除了嫉妒之外,愤怒也是一种时常会被用来疏离人际关系的情感。

愤怒最常见的目的在于支配他人。利用大声呵斥、宣泄情绪等手段,控制对方按照自己的意愿行事,并从中获得优越感。"牺牲对方来抬高自尊心",赚取自身的优越感。这样做当然会令彼此之间产生隔阂。

即便如此,愤怒依旧时常被用到,因为在大多数场合,我们都可以利用愤怒如愿地控制对方。一旦尝到甜头,就会享受这种利用愤怒令他人屈服的乐趣,而后作为自己的惯用伎俩,于是自己就成了容易动怒的人。

但是,愤怒是迫使对方做出牺牲而获得的优势,是一种卑鄙的做法,利用愤怒最容易控制他人。但是,这种做法很快就会失效,利用愤怒支配他人往往无法得到对方真心的赞同和协助,反而容易疏离彼此的关系,即便用实力压倒对方也于事无补。这就好像从魔术帽里变出成捆的钞票并不会让人真的有钱,一切都是骗人的诡计。

不要妄图利用愤怒控制他人,应该与对方冷静地对话。

## 第 69 句

夸大悲伤和泪水是对他人的攻击,
以此成为给他人定罪的法官,比对方高出一等,
此外还能得到慰问和关切。

夸大悲伤的目的其实和愤怒是一样的。乍一听，大家或许无法理解，但是阿德勒说，两者的目的都是控制他人。阿德勒把眼泪称为"水性的力量"，因为眼泪代表弱小，但是弱小就是强大，没有人会攻击流泪的弱者。攻击弱小的行为是不可接受的，这使得弱小成为支配对手最强大的武器。

此外，阿德勒还说："一旦过度夸大悲伤，就会对周围的人怀有某种敌意。"这种情感会令人在心中生起敌意，想要作为原告和法官给对方定罪，使得人与人之间相互疏离。夸大悲伤可以获得更多的援助、安慰和关切，或许不少人都在无意识中不时地利用这种情感。

当然，也有毫无恶意的、纯粹的悲伤。但是，如果时常表现出激烈的情感，就要想想其中是否藏有某种敌意。不妨冷眼反观自身，做个自我检查。那些惯用这类疏离人际关系的情感的人，往往很难得到幸福。

惯用悲伤和泪水的人，请反思一下自己有没有恶意控诉的意图。

第 *70* 句

　　酒精不会改变人的本性，只不过是滴酒未沾时小心隐藏的本性，在精神放松后被表现出来罢了。

都说酒精是魔鬼,喝酒会改变一个人的性格。

阿德勒却偏要唱反调,他认为酒精不会改变人的性格,只不过酒精会将人隐藏的本性暴露出来罢了。

比如,白天懦弱顺从的人在酒后性情大变,惹是生非、寻衅滋事。一般大家都会认为,这是酒精让人性情大变。然而,阿德勒学派的看法却与此相反:一个人原本就对他人怀有敌意,只不过在没喝酒时隐藏得很好罢了。一旦喝了酒,本性就暴露无遗,仅此而已。

每个人都有自卑感,但是几乎所有人都会加以隐藏。之所以这样做,是因为大家普遍认为这种感觉不好。同样,人们隐藏愤怒也是这个道理。我们在日常生活中刻意隐藏违背共同体感觉的真实想法,只有借着酒力才会显露出自己的本性。如果酒后失态,清醒后就该自我反省一下才是。

喝醉酒后,自己才能认清真正的自己。

## 第 71 句

　　愉快的笑容能温暖人心,拉近人与人之间的距离。

看到人开心的样子是件高兴的事，在传递喜悦的同时，自己心里也会感到温暖。这种情感让人们彼此手拉手、相互拥抱在一起，身心共同分享喜悦，能够瞬间拉近两人的距离。

　　阿德勒认为，喜悦是能促进人与人之间相互联系的情感。相信人与人之间亲密联系的人会用笑容表达喜悦的情感，而这种情感能够进一步加深人与人之间的联系。

　　相反，那些不相信人与人之间亲密联系的人，就会刻意隐藏喜悦的情感，在本来笑笑无妨的场合也始终面无表情，犹豫着"遇到这种情况自己笑出来好吗？"这就证明这些人并不相信他人，只在乎在别人会怎么看待自己。因此，这些人拒绝与他人分享喜悦，抗拒与他人建立亲密联系。

　　当人们相信他人的善意，相信对方是朋友后，就会想要表达自己的喜悦。并且当对方高兴的时候，自己也会同样开心。大大方方地表现出让人彼此亲近的喜悦之情，是我们迈向幸福的第一步。

　　不要害羞，让我们大大方方地表达喜悦的情感吧！

## 第72句

把他人当作敌人的人注定孤独。
自我陶醉的人也免不了孤单。
排斥他人,就要品尝独自一人的滋味。

无法融入人群，总是独自一人的状态被称为孤独。

阿德勒曾这样说过："个人只有在社会背景下才能成为人。人们无法脱离人际交往而生存。孤独与共同体感觉恰好相反。"如果我们一直这样孤独下去，就没有办法获得幸福。

然而，人们往往会自己选择孤独，在多数场合下这是为了避免在人际关系中受到伤害。这正是自卑情结在作祟。于是，人们为了掩饰这种强烈的自卑感，就自己编出莫须有的故事，这就是优越情结的表现。这种自己编故事，认为"我与众不同、高人一等，因而没有办法与他人交往"的情况，被阿德勒称为自我陶醉。

选择孤独的人有两种：一种把他人当作敌人而非朋友，他们因为害怕受伤，所以选择孤独；另一种认为自己高人一等，他们因为自我陶醉而选择孤独。可惜的是，两者都与共同体感觉相去甚远，因为孤独令人相互疏离。

孤独是自己制造出来的状态，鼓起勇气融入人群吧！

## 第 *73* 句

　　不要拿情感做借口。不要争辩,做好自己该做的事。

"情感会影响人的行为取向。但是，我们的日常行为并不总会感情用事。因此，情感不过是我们行为的附属品。"阿德勒说。

正如前面提到的，情感是在背后推动自己的助力器。当人们对前进方向缺乏自信的时候，通常会利用情感使自己的意志正当化。所以，不能说情感有多么不可或缺，就算没有情感在背后强行推一把，顺其自然也能做好。就算再怎么犹豫，也要根据共识确定方向。换言之，根据共同体感觉逐步修正方向就好，阿德勒如是说。

通常说来，情感被我们当作逃避解决人生课题的借口。我们制造出悲伤不安的情感，作为情结的道具来逃避所面对的课题。

阿德勒说："关键就在于做好自己该做的。你的感受如何并不是问题的关键，不能拿情感来做借口。"

## 第 74 句

就算改变情感也没有用,情感的根本在于性格。

性格不变,情感也无法改变。

在世界范围内广泛运用且有效的治疗抑郁症和焦虑症等心理疾病的心理咨询技法之一是认知行为疗法。北美阿德勒心理学会会员、人类性心理学代表人物阿尔伯特·埃利斯，以及成功将认知行为疗法体系化、深受阿德勒影响的心理学家亚伦·贝克认为，人的思考、情感和行动都是由认知决定的。比如，失败的时候有人说"实在不行了，这辈子算完蛋了"，也有人说"谁都会失败，下次再努力就好"，在不同的认知下，其思想和行为也会随之发生改变。

这种观点正好符合阿德勒心理学的认知理论，阿德勒将强烈影响认知的信念体系称为生活风格[1]（性格）；并且认为，行动或情感是无法单独拿出来修正的。只有与信念组合的生活风格发生变化时，才会被根除。

改变生活风格就是改变自我，并且必须依次进行。本书第八章将对此进行深入探求，我们按顺序会逐步加深理解。

---

[1] 生活风格（Lifestyle）又译作生活型态、性格。可以分为四种：支配统治型、索取型、回避型、社会利益型。——译者注

# 第 7 章
## 有能力贡献，才有价值

——关于"给予勇气"

父亲（即阿尔弗雷德·阿德勒）总是给周围的人带来勇气。

我在十多岁的时候曾经转学。

转学后，我的数学成绩就一下子变差了。

实际上，自从一开始考试时我就逃回家了。

于是我就认为自己学不好数学。

父亲问："怎么了，别人都能做到的事，你却做不到，反而在那边胡思乱想。尝试去做，你就一定都能做出来。"

此后，在很短的时间内，数学变成了我的强项。

学校老师对我说："看吧，阿德勒，想做的话还是能做好的。"

我终于明白了一件事情，

如果无视一开始对学校老师说的话，

就是"或许会考砸"之类的话，

我就能获得成功。

——引自《回忆阿德勒》

第 *75* 句

所谓赋予勇气,就是促使对方感到自己有能力贡献、有价值。

所谓的勇气，就是认为"自己有能力贡献、有价值"的感觉，具有"克服困难的活力"。因为有了勇气，人们才能在有利于人生的道路上努力前行。一旦缺乏勇气，人就无法承受失败带来的伤害，于是选择逃避人生的课题。那么，对待缺乏勇气的人，应该如何做才好呢？既然缺乏勇气，那么帮助他补足勇气就可以了。这就是赋予他人勇气。

赋予他人勇气的典型行为就是向对方传达谢意。向对方说"谢谢你""真是帮了大忙"。通过言语，让对方感到自己有能力并且被需要。

假如不用语言来传达，而是通过表情和眼神，那么只要让对方感觉到你信任他的潜力和能力，也能让对方充满勇气。赋予他人勇气就是要千方百计地促使对方感到自己"有能力、有价值"。这不只是单纯的技巧。

让我们用语言或无言的态度，赋予他人勇气吧！

## 第76句

越俎代庖会挫伤他人的勇气。

越俎代庖就是认为对方做不到才出手帮助。

赋予他人勇气是要让人自立,相信他"一定能行"。

弗兰克·巴伯特夫人在回忆阿德勒时曾说："阿德勒对我的小儿子相当细心，让他感到自己有能力照顾自己。在阿德勒的办公室，看到我帮着孩子脱外套，阿德勒博士马上就让我多加注意，我照做了。如今，小弗兰克已经长大，什么事都能自己独立完成，他如此自信，也渐渐不再内向腼腆了。"

这是阿德勒给患者带去勇气的一个片段。除了患者之外，阿德勒同样重视父母和教师对于患者的教育。在防止父母娇惯孩子的问题上，最重要的就是不插手也不插嘴地干涉孩子。

过于溺爱不是真正的爱。这样做不仅不会给孩子带来勇气，反而会挫伤其勇气。这是因为当父母越俎代庖、代为操办的时候，也就剥夺了孩子学习经验教训和自己解决问题的机会。所谓赋予他人勇气，就是要尽可能多地给对方提供机会，让他相信自己的能力。

当父母的不要越俎代庖，要尽可能地信任孩子。

第 77 句

阿德勒心理学认为,无论什么事,只要他人能做到,那么通过努力无论是谁都能做到。

这是阿德勒在他的著作中反复表达过的观点。

个体心理学相信，无论是令人多么惊讶的成绩，只要持续进行适当的训练，那么别人能做到的，你也能够做到。这是阿德勒心理学的基本信念。笔者在2014年挑战了撒哈拉沙漠马拉松，经过八天七夜，成功完成了260公里的赛程。此前30年，笔者的运动经历为零。别说260公里，就连10公里都没有跑过。如果要问我为什么能够完成大赛，那是因为我看到同年龄的朋友个个都跑完了全程。他们能做到的话，我也能做到，就算没办法一次成功，经过训练，下一次也一定能成功。带着这样的信念，我参加了挑战。

假如我不相信自己能行的话，别人再多的加油鼓劲恐怕也无法发挥效果。关于赋予勇气这方面也是一样的道理，朋友们无条件的信任给予了我勇气。"你一定行"，这些鼓励的话语让我鼓足勇气，这就是语言的力量。

鼓起勇气，相信只要努力，就能做到任何事情。

## 第 78 句

有过失败的经历不是问题。

问题在于认为自己做不到的这种想法。

勇气受挫才是真正的问题。

正如阿德勒所说，问题不在于失败，而在于如何面对失败。认为自己做不到、低估自己，心理上的失败才是最要命的。

有的人在工作失败时就会说："这辈子算完了。"但是有的人却会说："下次努力弥补不就好了？"此外，有的人会把失败的经验当作人生财富，给予自己更多的勇气。可见，过去的经验并不能决定未来。个人对于失败经历的价值判断，才是决定勇气多寡和未来行为的关键。

正如阿德勒所说，什么样的经验都不会必然地导致个体的成功或失败。如何看待过去的经历，赋予其怎样的意义，是由自己决定的。

我曾经一度经历事业的挫败、人际关系的失败、家庭的失败，一时间很绝望，甚至得了抑郁症。然而，当接触阿德勒心理学后，就改变了对过往的看法，也改变了之后的行为，所以才能保持自信、传播自信。赋予事物怎样的意义和价值判断，取决于我们自身，这是阿德勒教会我的道理。

就算遭遇失败，也千万不要低估自己，不要认为自己"做不到"。

## 第 79 句

　　斥责、说教、惩罚是没用的，就算见效，充其量也就是调教，最重要的是进行冷静的对话。

"惩罚、教导、说教是没用的,"阿德勒说,"这种教育方式就算见效,充其量也只是调教而已,毫无意义。"

那么,究竟该怎么做才好呢?"最好是冷静地与孩子对话。"阿德勒说。当孩子把玩具搞得满地都是,不要马上批评他(她),而是要冷静地对话。比如,"可真能干!把玩具都摆出来了。是不是一样能很好地把玩具都收起来呢?"转眼的工夫,孩子就把玩具收拾得整整齐齐了。

当然,同时给予孩子勇气也十分重要。对于勇气受挫的人来说,就算能冷静对话,但怎么都难以踏出第一步。因为他虽然心里明白,却未必能够付诸行动。此时,在对话的过程当中,就要给他更多的勇气,而不是加以指责。

停止斥责、惩罚和说教吧!

## 第 *80* 句

　　一个优秀的孩子，会让其他孩子都成为问题儿童。差距感是勇气受挫导致的。

一个太过优秀的孩子可能会让其他孩子的勇气受挫。阿德勒用一棵茁壮成长的树苗做比喻。这棵树独占了所有的阳光，其他树都只能生长在其阴影中；而这棵树由于根系发达，还抢走了其他树的养分。这样，其他树就长不高了。

过于优秀的孩子独占了本来属于兄弟姐妹的关注、赞赏和关爱，兄弟姐妹自然就会变得性格乖僻。

阿德勒指出："孩童时代几乎所有的勇气受挫都是由于大人偏袒他人造成的。"假如父母能平等对待子女，那么无论是那个优秀的孩子，还是他的兄弟姐妹，都会感到自己是与众不同的。但是，如果父母不注意这一点，就容易让孩子们的勇气受挫。

这个现象不仅限于兄弟姐妹，如果父亲很成功，孩子就会认为"反正不可能超越父亲的成绩"，于是便自己放弃努力。这也是因为勇气受挫。不要拿孩子与其兄弟姐妹或者父母比较，要用心平等地对待每一个孩子。作为肩负教育责任的父母和老师，对此更要多加注意。

注意，不要将对方与某个人拿来做对比。

## 第 *81* 句

　　一味鼓励"人生充满希望",反而会让人失望。

　　一味警告"人生充满危难",反而会让人感到恐怖。

　　对他人指手画脚,会挫伤对方的勇气。

如果父母和老师只向孩子们传递人生的光明面，告诉孩子"世界是充满希望的"，那么当孩子遭遇到现实的残酷后，就很容易挫伤勇气。相反，如果父母和老师经常警告孩子，"人生处处是危险困难"，也会让孩子勇气受挫。

失败也好，成功也罢，经历本身并没有什么，而我们如何看待这段经历才会影响今后的人生，最重要的是你对其赋予何种意义。父母和教师不能替代孩子给事物贴标签，应该让孩子自己去判断。

那么，父母和老师是不是什么都不用做了呢？当然不是。父母和老师要给予孩子尽可能多的勇气。那么，首先父母和老师自身就应该充满勇气，不会在困难面前选择自我逃避。要让孩子看到他们在人生道路上如何披荆斩棘、勇于面对。接下来就要给孩子安排适当的任务，不去横加干预，让孩子自己积累经验。当他们在解决问题时，父母和老师可以在一旁加油鼓劲，给他们勇气。不是指手画脚，而是静静守候。父母和老师不代替孩子解决问题，不用自己的价值偏好干扰孩子，静静守候就能给孩子以勇气。

## 第 *82* 句

不要总是夸奖孩子。

在夸奖声中长大的人,总是会在意他人的眼光。

时常察言观色,就会变得胆小懦弱。

阿德勒心理学认为，夸奖对方反而会使人勇气受挫。一般认为，夸奖和批评是相对的：当对方的行为符合自己心理预期时就给予夸奖，不符合时就加以批评。这是对孩子的一种操控，其结果就是，在夸奖声中长大的孩子，就算获得成功，如果没有他人认可，也不会感到满足。

看重他人的褒奖，就会忽视解决问题本身的价值和乐趣，而只去追求他人的评价。这样就会陷入情结，耍些小聪明来让自己得逞。此外，如果缺乏评价，就缺乏努力的动力，无法自我管控，因为察言观色而紧张，总是一副不自在的样子。

阿德勒心理学认为，夸奖并不会赋予他人勇气。只有认为"自己有能力、有价值"的时候，才会充满勇气。

因此，像"做得真棒"之类的夸奖并没有什么魔力。在对话中必须要以相互尊敬、相互信赖，以不操纵孩子为前提。比起夸奖，"共同体感觉"和"感谢"更能带给人勇气。

用感谢和共同体感觉赋予对方勇气，而不是作为评价结果的赞扬。

## 第83句

不必指出他人的错误,也不需要进行技术指导。

对他人表示关心,发挥共同体感觉。

用对方的眼睛去观察,用对方的耳朵去倾听。

阿德勒心理学派的治疗，自始至终都是要带给他人勇气。其理由显而易见，阿德勒认为，如果治疗师对患者不关心，缺乏共同体感觉，那么治疗就不可能成功。

"只有真正关心患者，治疗才可能成功，我们必须要用对方的眼睛来看，用他人的耳朵来听。"

无论是抬高患者还是看轻患者，都没有办法有效地帮助他，必须让他得到平等的对待和关心。

包含关心的共同体感觉，就是站在他人的立场上尝试理解他人。通常说来，我们过往犯的错，就是不站在他人的立场，而只是从自己的角度去理解对方，误以为可以凭借自己的眼睛和耳朵去理解对方。

共同体感觉之所以重要，并不只是为了理解他人。发挥共同体感觉还会给我们自身带来勇气。离开共同体感觉，就无法治好勇气不足的人。只有用对方的眼睛去看，用对方的耳朵去听，尝试真正理解对方，才能够赋予对方勇气。

不要用自己的眼睛，而是用对方的眼睛去看；不要用自己的耳朵，而是用对方的耳朵去倾听。

## 第 84 句

懦弱会传染,勇气也会传染,自己缺乏勇气的人也无法给他人带来勇气。

阿德勒说过:"勇气和懦弱都会传染。"

"只有从充满勇气的人那里,才能获得勇气。"

在带给他人勇气前,首先需要赋予自己勇气,如果连自己都勇气不足,自然没有办法给他人带来勇气。自己勇气不足,就会拿些小事作为借口,来逃避自己的课题。只有解决好自己的课题,才能帮助他人解决问题。拥有勇气的人,会从正面解决问题。那些为自己找借口逃避课题的人,自然也无法帮助他人解决问题。

因为必须自己拥有才能给予他人。首先从自己做起,才能带给他人勇气。

在带给他人勇气之前,首先让自己鼓足勇气。

## 第 85 句

在紧要关头不是首先给他人勇气,而是先伸手救起落水者,把勇气和教育放在后头。

在阿德勒心理学的演讲会和研修班上，我经常会被问到这样的问题："在紧急关头也应先让他人鼓足勇气吗？"

答案当然是否定的。关于这个问题，阿德勒本人是这样说的：

"遇到有人在湖里溺水，当然不是先教他怎么游泳，而是先出手相救，然后再教导他。看到孩子站在20层楼上的窗户边，当然是抓紧先把他救下来，而后再教育他。"

在职场上也是如此。在阿德勒心理学中，赋予他人勇气是基于相互尊敬和相互信赖。这在企业人际关系和人才培养上也是十分有效的。然而，事态紧急的时候可以无视这一点，先度过眼前的危机才是最重要的。

但是，绝不可以此为借口，放弃赋予他人勇气。在紧急状况结束后，一旦生活恢复原样，就要把鼓起勇气这件事放在心上。这是现实生活中灵活变通的方法。

紧急状态时，应该先灭火，再去找起火原因；事态得到控制后，再回到赋予勇气的课题上。

## 第86句

拥有"接受不完美的勇气""失败的勇气""犯错的勇气"。

拥有"接受不完美的勇气。"这是阿德勒学派索菲·拉扎斯菲尔德的话。

阿德勒在其著作中提到三种勇气，即接受不完美的勇气、接受失败的勇气以及犯错的勇气。

如果拥有这三种勇气，我们就能够无条件地肯定真实的自己。

任何人都会犯错，任何人都会遭遇失败，任何人都不是完美的，如果缺乏这三种勇气，那么这世上谁都不可能拥有勇气。所以说，这三种勇气谁都需要。

所谓"自我肯定"就是有理由、有条件地自我认可。凭借诸如成绩不错、获得好评、人缘很好、乐于助人等理由来自我肯定。理论上，就是由于做出了努力，所以自我认可。

阿德勒提倡的"自我接受"，是在没有任何理由、任何条件的情况下自我认可，这就需要我们所说的接受自身的不完美、失败和错误的勇气。

哪怕自身不完美、遭遇失败、犯下错误，也依旧要接受这样的自己。

## 第 *87* 句

在任何情况下都要不断给予他人勇气。

给予勇气不是一次就好,而是要不断给予对方和自己勇气。

本书的主题是改变自己。那么，究竟怎样做才能改变自己呢？阿德勒有过这样一段论述：

"在治疗的任何一个阶段，都要确保对方朝着充满勇气的方向前行。满怀希望，微笑面对孩子，教育才有可能成功。……在任何情况、任何阶段、任何场合，都要不断地给予他人勇气。如果想要改变自己，就要时常给自己加油鼓劲。"

笔者在工作等方面也会不断遇到新的挑战，挑战往往伴随着风险，一旦失败就可能会面临信用、金钱、时间和能力上的损失。对此，笔者偶尔也会感到恐惧。这时候要做的除了重新研究计划外，就是要让自己鼓起勇气，告诉自己"我一定能行""不完美也没关系""失败也没关系"，相信只要有勇气，自己就一定能够做到。

无论何时何地，我们都要不断给自己和他人带来勇气。

# 第 8 章
## 如果这件事能做好,那么其他事也能

——关于"自我变革"

亚历山大（阿德勒的大女儿）回忆说："我们这些孩子在吃饭的时候，大人们总是待在一起。吃完后，孩子们想玩到什么时候都可以，剩菜剩饭也没有关系。"

"我们什么时候离席上床睡觉父亲母亲都不会管，都全由自己判断。"

"只有一个要求：第二天准时上学。"

——引自《阿德勒的生涯》

## 第 88 句

音乐也好,舞蹈也好,无论做什么都行,让自己体验一次"能做得很好"的感觉。

这种经历会让人感到"其他事情也能做好"。

阿德勒说："一件事情要是能做好，那么其他事情也能做好，这个道理在教育和人生的其他方面都适用。"

笔者在人力资源公司任职时，曾经说过："不管是玩游戏还是集邮，能在某个方面做到第一的人才值得录用。"

阿德勒也说过相同的话，音乐、手工、哑剧……无论做什么都行，只要有一次能做得好的体验，就能将这种感受扩展到其他领域，做好其他的事情也会变得容易起来。

关键是不要一开始就挑战高难度，不要从自己最不擅长的方面下手。每一个人都要从自己的兴趣爱好出发，进行自我挑战，从中获得自信。

老师、父母和领导要先找到对方感兴趣的方面，关注他们在这方面能力的提升。如果在感兴趣的领域有过成功的经验，自信就会增加。人们不可能突然对什么事都自信满满，自信总是先从某一方面开始的。如此这般，其他事情也都能顺利完成。迈出这第一步，"相信自己能做好，就能做好"。

将感兴趣的事情做好，再将这种自信推而广之。

## 第 89 句

先尝试与一个人建立共同体感觉,然后将这种经历扩展到父母、兄弟姐妹和朋友。

想要提高他人的共同体感觉，仅靠口头讲理是没有用的，最有效的方法就是真正与他人建立高度的共同体感觉，然后逐步将这种感觉推及其他人身上。这就像是"在一件事情上体会到自己有能力，再把这种感觉推及其他事物上"。共同体感觉也是如此。

自己体验不错的产品，才能推荐给其他人。相反，连自己都没有体验过的感觉，就不可能传递给他人。只要让对方体会到共同体感觉的美好，就能提高对方的共同体感觉。

当然，遇到反面教材时，要尽可能地回避。假如老师、父母、咨询师或上司本身缺乏共同体感觉，满嘴都是对他人的批评和责难，那么，就容易对共同体感觉的提升起到负面作用。

在阿德勒心理学中，人具有决定自己性格的自我决定性，但是也会受到家庭和老师的影响。他认为，虽然家庭和老师不是决定因，但却是影响因。作为教育者，要让自己成为起积极作用的影响因。

我们首先要与对方建立起共同体感觉，然后进一步扩张。

第*90*句

　　从让他人快乐的角度出发，就能解决所有的问题。

正如前面所讲到的，共同体感觉是成功或失败、幸福或不幸、善与恶的区分标准。换言之，所有问题的原因都在于缺乏共同体感觉。阿德勒曾说过，只要强化了共同体感觉，所有的问题便都能迎刃而解。

就拿前面提到的那位受失眠困扰的女士为例，阿德勒交给她一个任务——"想想有什么方法能让丈夫高兴"。结果，那位女士当晚就睡得特别香。日本有句谚语：一事知万，也就是举一反三的意思，即只要通过一件事情就可以知道所有的事情，因为所有的事物都是相互关联的。

职场上曾有前辈指点我："工作不顺利的时候，不妨去神社拜拜。"那时，年轻的我以为："求神灵庇佑事情就顺利的话，就不用那么辛苦了。"今天想来才豁然开朗，我们之所以能有今天，是托了祖先的福。那些因为工作忙碌就不去拜祭祖先的人，也不会把顾客公司和同事当回事。一事知万，养成带给周围人快乐的习惯，就能解决所有的问题。

我们不妨每天思考一下："明天做些什么才能给周围的人带来快乐？"

## 第 91 句

　　严格的教育只会扼杀个性、使人堕落。严格的反面不是娇惯。

　　自由自治才是教育的目的，才能造就独一无二的伟大人格。

"严格教育的弊端,说再多遍都不为过。"阿德勒认为,严格的教育存在两个问题。

第一个问题是,严格教育破坏了教育者和教育对象间的信赖关系,让双方之间的距离越来越远,这样就无法开展真正的教育。同时,还会让对方丧失共同体感觉,失去人生中最重要的东西。

第二个问题是,严格教育和过度娇惯十分类似。统治和调教其实是一回事,都会剥夺对方自己思考判断的自由,让他们对教育者言听计从。这样就会让对方失去思考的能力,只会盲目服从。虽然强制行动也会有所成效,但却无法让人从中获得自信。相反,强制的行动失败后也不会进行自我反省,因为在他们看来,责任不在自己。出于强迫往往不会令人学有所得,就算拥有一技之长,也仅限于被调教和训练的领域。

教育的目的是让人拥有决定的自由和自治的能力,学会自己承担责任。让人自己做决定,通过品尝成功的果实获得自信,体会失败的痛苦和责任,从中积累经验并吸取教训。

不要强制和压迫他人,应给他们自由和自治的权利。

## 第 *92* 句

　　个人的才能或无能不是遗传的,而是源于教育者的才能或无能。

假如认为遗传决定能力的高低,那么就不需要教育者了。"所谓适当的教育,就是无论能力高低,给个人成长必需的教育。"阿德勒说,"我不相信孩子们天生就有天才和庸才之分,但教育者确有'能'与'无能'之别。老师和父母找不到适合的教育方法,就将一切归咎于遗传的缺点。这不过是借口,孩子的能力不足要归咎于教师和父母的怠慢。"

此外,阿德勒认为,正确的组织管理能够弥补能力的不足,这就是组织管理的作用。阿德勒的观点与管理大师彼得·德鲁克如出一辙。德鲁克说:"所谓管理,就是让个人的弱点最小化,而最大限度地发挥出个人的优点。"

教育者不会因为教育对象的能力低下而担忧。教育的任务就是发挥优势、弥补不足,让人对社会整体做出自身的贡献。如果教育者将一切归咎于遗传,那就无异于放弃自己的工作。

我们要把弱势变为强势,不论对象能力高低,都不应该放弃教育。

第 *93* 句

父母对孩子造成影响,并不是父母的责任。

阿德勒心理学的核心概念之一，就是自我决定性，即人可以决定自己的性格和价值判断标准。比如，虽然我们会受父母、家人和老师的影响，但是如何判断以及最终如何行动是由自己决定的。环境只是影响因，自己才是决定因。

这种想法往往被认为过于严苛：认为自己是命运主人，就无法将问题归咎于他人。然而我认为，这是一种充满可能性和希望的心理。我们能够自己决定自己的人生，正因如此，今后的人生如何也由自己决定，任何时候自己都能改变现状。

大多数的父母、老师和老板都没有学过阿德勒心理学，或许会采用错误的教育方法。如果把错归结于自己的父母，进而又归咎于祖父母，是找不到问题的症结所在的。换言之，他人并没有错。只有心智不健全的人才会归罪于他人。这种思维方式只会陷入没有出口的情结，靠炫耀或示弱来攻击他人。不如从改变自己开始，断绝错误的生活风格和教育方法产生的连锁反应。相信你一定可以做得到。

让我们停止责备这种错误的教育，靠自己的力量打破循环。

第 *94* 句

指出问题并不会改善情况,只有弄清内在根源,才能找出幼年时决定自己生活风格的错误。

"你缺乏共同体感觉""你不关心他人""你有自卑感",对患者说这类话,其实无法教会他们个人心理学的理论。"这样做有百害而无一利。"阿德勒说。

那么,究竟该怎么做才好呢?关键在于弄清以下这些问题。

心理学者在讲课时说的都是客观的理论,但是我们应该理解孩子的行为,搞清楚为什么自己被当作外人,为什么感觉父母偏袒他人,为什么不再追求成功等。

即便像这样指出对方的问题所在,彼此也无法建立信赖关系,只会让对方紧闭内心。这样做不会给对方带来勇气,反而会使得他们勇气受挫。

指导者和咨询师的任务就是找到问题的内在原因,像老师讲课一样对性格形成过程中的错误进行分析,并用简明的话语表达出来。在幼年的什么时候判断失误,违背了共同体感觉的价值观产生的根源在何处,以及在什么时候丧失了自我决定的信心。如果对方是大人的话,就要帮助他,像玩推理游戏一样,找出错误产生的原因。仅靠知识性的理解,不会让人发生改变。

我们不仅要指出问题,而且要客观地分析到底是哪里出了错。

## 第 95 句

斩草还需除根。

就算解决了这个问题,它还是会换个形式再出现。

抓住错误性格的根源,理解错误所在,才能重新构建新的目标。

# 第 8 章
## 如果这件事能做好，那么其他事也能

例如，由于恐惧人际关系或工作失败而失眠的患者，在服下安眠药后尽管可以入眠，但是很快就表现出其他症状，如出现偏头痛或头晕目眩的症状。我们要做的不是逐一解决表面问题，而是抓住问题产生的根源。如果不这么做，就永远都无法摆脱痛苦。不仅对身体病痛我们应该斩草除根，对处理人际关系引起的心理紧张和压抑也应如此。

首先，要对自己的错误有所认知，阅读本书的第二、第三章会有所帮助。几乎所有的人都出现过类似的情况和想法。如果能注意到自己的错误，就再也不会出现问题了。

然后，另起炉灶，用新的观点取而代之。比如"周围的人不是敌人而是朋友""我不是做不到，我能做到"。

这些新观点就是生活目标的指针。阿德勒说："如果能理解内在关联，就不会再走从前的老路。"只要能弄清之前的目标不对，就一定能够改变自己的行为。

让我们认识到自己目标的错误根源，斩草除根，制订新的计划。

# 第 96 句

　　想要改变自己,就必须了解幼年性格形成时犯下的错误。

　　无论到了什么岁数,都有可能完全纠正错误。

## 第 8 章
### 如果这件事能做好,那么其他事也能

阿德勒认为,作为人生态度和人生剧本的性格(生活风格),在五岁前就成型了。性格的形成是由自己决定的。现代阿德勒心理学对这一个观念做出了修正——性格成型是在十岁左右。那么,幼年时就决定好的性格在成年以后还能改变吗?阿德勒说,就算是临死之前,也都能够改变。

那么,究竟怎么做才能改变自己的性格呢?

阿德勒说,就算幼年时没有纠正那个错误,无论何时指出错误所在,而后把错误纠正过来,都可以改变自己的性格。

阿德勒心理学采用早期回想分析的方法,将幼年时的记忆片段记录下来,从中分析出"自我概念:自己现在是什么样?""世界相:他人和社会是什么样?""自我理想:自己想要成为什么样?"只要找到幼年时的错误所在,并且加以理解,就一定能改变自我,因为"我们既是画作,又是画家"。

找到年少的错误并纠正过来,无论年纪多大,都能够改变人生。

## 第 97 句

早期回想分析,就是通过寻找幼年时的记忆片段,解开"我是……""他人是……""所以我必须……"的谜题。

# 第8章
## 如果这件事能做好,那么其他事也能

教育者和医生除了指出教育对象和患者在哪里有问题之外,不会做别的。只有重新研究幼年时的错误,才能够从根本上解决问题。阿德勒补充道:"想要理解某一事件,就要翻阅孩子的整个人生经历。"

阿德勒学派的咨询师会从几千万个记忆中选出几个能够强烈反映患者性格的记忆片段,通过病人年少时(十岁左右)的三到五个记忆片段进行分析。

笔者曾作为患者体验过几次早期回想分析。我记忆中总是出现"年少的我想要帮助因为离婚而悲伤哭泣的母亲",与此相关的记忆如同情节跌宕起伏的连续剧般,一集接着一集。从这里可以看出,"我是背负救助苦难者使命的主人公,人生如同连续剧一般"。于是,我开始挑战改变自己,尝试赋予自己崭新的性格,"懂得真正的幸福就在平凡的日常中""拥有接受自己是个普通人的勇气"。

改变自我的第一步就是了解自己。只有了解自己,才能改变自己。

从自己年少时的记忆片段来分析自己的性格吧!

## 第 98 句

重要的不是我们拥有什么,而是如何使用我们所拥有的东西。

# 第 8 章
## 如果这件事能做好，那么其他事也能

遗传给人带来的特质既有其优点也有其缺点，全看人们如何去使用。比如，无法集中注意力的人，阿德勒学派会用"散漫力"和"多动力"这些积极正面观点去看待，并且认为不需要强行改变遗传特质，而只需要改变其使用方式。

"性格"也是"使用方式"的一种。具有"散漫力""多动力"的人，如果不是自我界定"自己难以集中精神，相当无能"，而是认为自己"观点崭新，充满行动力"，那么，这个人的行动和人生就会随之发生改变。这就是不改变遗传特质而改变性格的使用方式。

职业选择也是使用方式的一种。对于具备"散漫力"和"多动力"的人来说，比起经理的工作，或许营业员和商业企划的职位更适合他们。这不是强行改变性格，而是通过改变职业选择来改变自我。

此外，注意力难以集中也可以通过习惯来弥补。多动的人可以培养记笔记的习惯，从而有效防止自己忘记要做的事。

比起思考自己拥有什么，更重要的是想清楚如何使用自己拥有的东西。

## 第 99 句

只改变想法不够,还要付出行动。 不要等着从谁开始,要从自己做起。

# 第 8 章
## 如果这件事能做好,那么其他事也能

"仅有好的想法是不够的,最重要的是付诸行动,并且有所贡献。"这是阿德勒的原话。

无论是读书还是交谈,从他人那里得到的建议如果不付诸行动,自身就不会发生改变。

必须要做的事情才是关键,你的感觉如何并不是问题,情感也不能构成理由。

情感是借口,必须要做的事就等于共识。当共识与自己的意图相反时,就会出现情感波动。必须要做却不想做的时候,就拿情感当作逃避的借口,这个时候,大多数人会编这样的理由:"为什么是我?""没有人来帮我吗?""为什么我必须要做这个?"

阿德勒是这样说的:"没有规定得从谁开始,也没有说非要有他人的帮助,这都跟你没有丝毫关系。我的忠告是,必须要从你这里开始,也不要想有没有他人来帮忙。"抛下借口,做好准备,只要你想做就一定能做到。你一定可以改变自己。

抛下借口做好准备,去改变自己吧!

第 *100* 句

环境造就了你,你造就了环境。

# 第8章
## 如果这件事能做好,那么其他事也能

阿德勒心理学认为,无论是谁,在什么时候都能够改变自己,甚至还能改变他人和世界。

当然,仅靠想法就想立刻改变对方简直是天方夜谭。但是,就算是沧海一粟,也能够对他人产生哪怕一点影响。阿德勒引用瑞士教育学家约翰·亨里希·裴斯泰洛齐(Johan Heinrich Pestalozzi)的话:"环境造就了人。同时,人也造就了环境。"假如准备改变自己,也必定会对周围的环境产生影响。你绝不是环境的牺牲者,也不会对改变环境无能为力。一个人用蜡烛只能照亮小小的一个角落,但如果能影响他人一同点燃灯火,影响一个又一个人,那么就能照亮整个国家。改变一定是从某个人开始的,这个人就是你自己。

改变自己就能改变世界。

# 后 记

## 你做过哪些努力？

"阿德勒过来跟我们挨个打招呼。'上次见过之后，最近在做什么呢？去年讨论过的病人后来情况怎么样了？能告诉我那些孩子的近况吗？'而后，他一定会问：'你做了哪些努力，去改善这些状况呢？'"

想要改变自己，不仅要靠脑袋思考，还必须采取行动。读完本书的各位读者，恐怕也会被阿德勒问到同样的问题："那么，为了改变自己，你做过哪些努力呢？从今以后又打算怎么做呢？"

请合上本书，对着你眼前的阿德勒，给出一个明确的答案。

在此，本书要感谢在日本不遗余力推广阿德勒心理学的先驱，没有他们的努力和睿智，就不可能有本书的问世。本书几乎所有的观点解释都来自岸见一郎先生，教授我阿德勒心理学的教授，咨询师课程的指导老师岩井俊宪先生，蒙特利尔个人个体心理学研究所理事长，涉足纽约学派、芝加哥学派、旧金山学派的约瑟夫·贝尔·格里诺博士，以及阿德勒诊疗咨询所的各位同事。

在此，由衷感谢大家的一路陪伴和支持帮助。